信托法与民法理论实务

◎樊婧 著

湘潭大学出版社
XIANGTAN UNIVERSITY PRESS

图书在版编目（CIP）数据

信托法与民法理论实务 / 樊婧著. -- 湘潭 : 湘潭大学出版社, 2023.12
ISBN 978-7-5687-1338-2

Ⅰ. ①信… Ⅱ. ①樊… Ⅲ. ①信托法－法的理论－中国②民法－法的理论－中国 Ⅳ. ①D922.282.1 ②D923.01

中国国家版本馆 CIP 数据核字（2024）第 003275 号

信托法与民法理论实务

XINTUOFA YU MINFA LILUN SHIWU

樊婧 著

责任编辑：刘文情
封面设计：张　波
出版发行：湘潭大学出版社
社　　址：湖南省湘潭大学工程训练大楼
电　　话：0731-58298960 0731-58298966（传真）
邮　　编：411105
网　　址：http://press.xtu.edu.cn/
印　　刷：长沙印通印刷有限公司
经　　销：湖南省新华书店
开　　本：710 mm×1000 mm 1/16
印　　张：13.25
字　　数：203 千字
版　　次：2023 年 12 月第 1 版
印　　次：2023 年 12 月第 1 次印刷
书　　号：ISBN 978-7-5687-1338-2
定　　价：60.00 元

前　　言

信托，是委托人将自己的财产权委托给受托人，并由受托人以自己的名义、为了受托人指定的受益人的利益或者特定目的而加以管理的制度安排。信托的发展是与社会经济的发展相联系的，生产力的发展，物质的丰富，财产管理的复杂化，专业化要求的提高，都会影响对信托的理解和运用，赋予信托以特定的含义。这些方面，还会受到经济的具体发展、文化背景、体制选择的影响。

信托的理论阐述是丰富的，有不同的见解，如债权论、物权论、管理权论、风险论或者债权物权结合论等，各自阐述其所长，为信托下定义，也得研究这些有影响的理论。

信托用于财产移转，以自由为目的，追求财产的合意转移和传承，实现委托人的意志和要求；信托用于财产管理，以效率为目的，追求财产的保值增值，通过投资来实现。在《信托法》的架构下，信托构造中的两个优势能够帮助人们更好地进行财产转移和财产管理：一是破产隔离机制。信托资产具有高度独立性，它在形式上为受托人所有，实质上归受益人所有，不受委托人、受托人资产状况恶化的影响。二是有受托人的角色安排，这使信托富于弹性，能满足委托人多方面的要求。

民法法系的构建趋势，携带着关于信托法引入后，相关基础问题影响因素的制约效应，这主要是由于在整个民法法系内部结构中，涉及信托法内容的排斥规律，以及相对的物权法定主义逻辑制约关系，并且我国相关部门对其并未有明确的了解和认识，这就需要充分贯彻物权法，信托法独立定义的主体形式，分别从理论和制度双重观念入手，进行透彻分析，确保我国现有的法律、法规体系格局得以完善，关于实施此类目标的首要任务，就是要结合信托公示领域的关键性要素内容进行具体阐述。

民法是一个完整的结构系统，是以根本宗旨与原则为核心，以民事法律关系三要素为基本结构，以物权、合同、人格权、侵权责任等为基本子系统的完整系统，其中每个子系统又分为若干次级系统，每个次级系统又会由多个小系统构成。民法宗旨主要由三个基本方面构成：一是保护民事主体的基本权利；二是维护社会与经济秩序；三是弘扬社会主义核心价值观。由此看来，民法宗旨只有放在这三个元素——民事权利、社会市场秩序与社会主义核心价值观中才能完整体现出来。民法要担当起三个重任：权利保护功能、秩序维护功能和核心价值弘扬功能。以上这些问题是相互联系的，要从多个角度去解构民法的基本精神理念，既要从民法的特征、基本原则、基本任务、主要功能或作用等方面，又要从法治现代化和法治现代性方面，还要从市场经济与民法的关系方面、从经济基础与上层建筑关系理论等方面去解构。

目　　录

第一章 绪论

第一节 信托法的基本理论

一、信托及信托法概述

(一)信托的概念及特征

1.信托的概念

信托的英文单词是“Trust”,翻译过来有“信任”“信赖”“相信”之意。但如今“信托”的内涵早已超越原有的字面之义。英国法学家梅特兰认为“信托是英国法律人最具特色的成就,同时似乎对英国人来说是文明不可或缺的制度”,日本学者藤谷博隆亦说过:“信托好比是一个‘容器’,它可以装各种物品。”的确,发端于英国的信托,早期表现为一种道德行为,现正成为财富管理工具创新的典范。

就信托的法律概念而言,世界各国的立法和不同学者对信托的定义有着不同的诠释。在英美法系国家,代表性的信托概念主要是学理概念。

《牛津法律大辞典》对信托的定义是:“持有并管理财产的一种协议。根据信托,财产或法定权力的所有者(重托人)将财产和权力交给另一个人或几个(受托人),受托人据此代表或为另一方(受益人)或为其他人,或为某一特定目的而持有、管理和处分信托财产的衡平法上的义务。”

英国权威的信托法学家阿瑟·昂德希尔爵士认为信托是一项衡平法上的义务,用以约束一个人为了他人的利益来处理受托人控制下的财产。受托人本身也可以是受益人之一,而受益人中任何一位均可强制地使受托人履行其义务。

美国《信托法重述》对信托的规定:信托是一种关于财产的信赖关系,该关系源于设立信托的明示意图,使拥有财产权的一方负有义务,为公益或为一人乃至数人的利益管理该财产。回复信托和拟制信托除外。

从上述信托概念可以看出,英美法系信托定义的"合同说""义务说""关系说"观点林立。传统学说强调信托以衡平法为依托的制度起源,关注信托受托人在信托关系中的义务,强调信托受托人为受益人利益管理和处分信托财产。

大陆法系国家和地区的信托定义,属于立法定义。1922年4月,日本制定《日本信托法》,并于1923年1月1日起施行,且于2006年进行了修订。《日本信托法》第1条规定:"本法所称信托,是指办理财产权的转移或其他处理,使他人遵从一定的目的,对其财产加以管理或处理。"《韩国信托法》第1条规定:"本法所称信托,是指以信托指定者(以下称信托人)与信托接受者(以下称受托人)间特别信任的关系为基础,信托人将特定财产转移给受托人,或经过其他手续,请受托人为指定者(以下称受益人)的利益或特定的目的,管理或处分其财产的法律关系。"《韩国信托法》吸收了《日本信托法》的长处,并且明确了受益人的法律地位,使信托概念更加完整。

就国际法视域,1985年国际私法会议第十五届大会通过了《关于信托的法律适用及其承认的公约》(俗称《海牙国际信托公约》),希望针对信托适用的法律制度制定共同条款,并解决有关承认信托的最重要问题,其中第2条对信托的定义和特征作了如下规定:信托是指一个人(即委托人)创设的在其生前或死亡时发生法律效力的一种法律关系,委托人为受益人的利益或者为某个特定目的,将其财产置于受托人的控制下。信托具有如下特征:①信托财产构成一个单独的基金,并且不是受托人固有财产的一部分;②信托财产的所有权置于受托人或者代表受托人的其他人的名下;③受托人拥有权利和职责,按照信托条款和法律施加予他的特殊义务。该公约于1992年1月1日生效。

我国《信托法》于2001年4月28日第九届全国人民代表大会常务委员会第21次会议审议通过,并自同年10月1日起施行。我国《信托法》第2条规定:"本法所称信托,是指委托人基于对受托人的信任,将其财产权委托给受托人,由受托人按委托人的意愿以自己的名义,为受益人的利益或者特定目的,进行管理或者处分的行为。"

2.信托的特征

(1)信托财产所有权的分离性:信托是由他人管理、处分财产的一种法律制度,亦是以财产为中心而设计的财产管理制度。信托的首要特征是委托人将自己拥有的财产所有权进行移转,使委托财产所有权转化为信托财产所有权,同时,信托财产所有权的不同权能在受托人和受益人之间进行分离:一方面,信托财产所有权中的处分权能和经营权权能由受托人享有;另一方面,信托财产所有权中的收益权权能由受益人享有。委托人、受托人和受益人正是基于财产所有权移转与分离的法律事实确立信托法律关系。

(2)信托财产的独立性:信托一旦设立,则信托财产即自行封闭与外界隔绝,具有"闭锁效应",委托人、受托人及受益人三者任何一方的债权人皆无法主张以信托财产偿债。信托财产具有独立性是信托作为财产管理工具得以发展壮大的基础。信托一旦有效成立,委托人必须将用于信托的财产从其自有财产中分离出来,成为独立运作的信托财产,信托财产处于委托人和委托人的债权人追及范围之外。受托人尽管享有对信托财产的经营管理权,但信托财产与其自有财产要严格区分,如果受托人接受不同委托人的委托,对来自不同委托人的信托财产也应各自保持相对独立。如果作为财产管理人的受托人破产,信托财产不纳入破产财产的范畴。受益人享有信托财产的受益权,但信托财产独立于受益人的财产。

(3)信托民事责任的有限性:有限责任是与无限责任相对称的。信托责任的有限性是指,一旦信托成立,如果信托财产在运作过程中发生对第三方的侵权或违约责任,只需以信托财产为限独立承担民事责任。信托民事责任的有限性由信托财产的独立性决定。

(4)信托财产管理的合规性:信托关系成立后,受托人实质上享有对信托财产的管理权,也因此负有依信托目的管理信托财产的义务与责任。信托财产管理的合规性要求,受托人在管理信托财产的过程中,应当按照信托合同的约定,恪尽职守,诚实、信用、谨慎、有效地履行管理义务,为受益人的最大利益处理信托事务。

(二)信托法的概念和特征

1. 信托法的概念

信托法是调整平等主体之间在设立、变更和终止信托关系中所产生的社会关系,以及在信托业的设立、运营、变更和终止过程中所产生的社会关系的法律规范的总称。信托法有广义和狭义之分。狭义的信托法又称为“形式意义的信托法”,是指以成文法形式表现出来的信托法典,譬如日本于1922年颁布的《日本信托法》、韩国于1961年颁布的《韩国信托法》,以及我国2001年颁布的《信托法》。广义的信托法是指除狭义信托法之外,还包括信托业法、调整信托关系的单行法、有约束力的判例、立法和司法解释以及司法中适用的有关国际公约等一切信托法律规范。譬如《信托法》《信托业法》《英国受托人法》《美国谨慎投资者规则》等,均属于广义信托法的范畴。

2. 信托法的特征

(1)信托法兼具行为法与组织法的特点:法律规范有行为法和组织法之分。行为法是指调整、规范和约束某种或某类行为的法律规范。组织法是规范某种社会组织的设立、组织机构的设置和组织的运作规则的法律规范,组织法强调主体资格获得的法定性。信托法是调整信托关系的基本法,也是信托当事人在从事信托活动中必须遵循的行为准则,因此,信托法首先是信托行为法。同时，信托法还调整信托组织在设立、运营、变更和终止过程中所产生的社会关系，并对信托组织的法律地位、经营范围、组织机构及其职能等作出规定，具有组织法的特征。因此，信托法既具有行为法的特点也具有组织法的特点。

(2)信托法是公法和私法的统一：公法与私法分类的意义在于法律的适用，二者划分的主要标准是利益保护的重心不同，公法以维护公共利益（即“公益”）为主要目的，私法则以保护个人或私人利益（即“私益”）为主要目的。信托法的调整对象是信托关系，信托关系包括私益信托关系和公益信托关系。私益信托关系是建立在平等自愿基础之上的社会关系，以意思自治、诚实信用为基本原则，此时的信托法以保护信托法律关系当事人的私人利益为主要目的。公益信托涉及社会公共利益，受益人是不特定的社会公众，对公益信托的设立、变更和终止以及受托人的选任和辞任往往需要得到行政管理机构的批准，公益信托的运行受到国家公权力机关的监督。此时信托法对公益信托的调整具有明显维护“公益”的目的。因此，信托法具有公法和私法相统一的特点，但是由于公益信托所占比例不大，信托法私法的特点突出。

（三）信托与相关概念的比较

1. 信托与代理

代理是代理人以被代理人名义实施的，其法律效果直接归属于被代理人的行为。英美法上的代理有显名代理和隐名代理之分，显名代理是指代理人以被代理人的名义进行的代理；隐名代理是指代理人以自己的名义进行的代理。显名代理也称为直接代理，隐名代理也称为间接代理，大陆法系国家民法中所言的代理为显名代理，本书中的代理所指的也是显名代理。代理的主要法律特征有：①代理涉及三方法律关系。被代理人和代理人之间的授权委托关系、代理人和第三人之间的关系、代理的法律效果由被代理人承担的关系。②代理人必须以被代理人的名义实施行为。③代理人在从事代理行为时,意思表示独立。④代理的法律后果由被代理人承担。

信托和代理均以信任关系为基础而设立,两者的相似之处,主要表现在:①两者均涉及三方当事人;②信托关系中的受托人和代理关系中的代理人都处于受信者地位;③两者都可能涉及对他人财产的管理和处分;④两者都既可以是有偿的,也可以是无偿的。

信托和代理的区别在于以下几点:

(1)运作机制不同:在信托关系中,受托人在信托事务的管理活动中,是以自己的名义对外从事民商事活动,信托财产产生的收益由受益人享有,因信托财产的管理和处分而发生的合同责任和侵权责任,除受托人有过失的外,概由信托财产承担。而在代理关系中,代理人以被代理人的名义对外从事活动,因代理行为而发生的法律后果由被代理人承担。

(2)受托人的影响不同:信托不会因为受托人的死亡、辞职或依法解散而终止,而代理却会因代理人的死亡、辞去委托或解散而终止。

2.信托与行纪

行纪是指一方行纪人接受他方的委托,以自己的名义为委托人办理物品买卖或者其他商业交易并收取报酬的行为。行纪被认为是源于大陆法系的一种旨在代客买卖的制度。信托和行纪的相似之处主要表现如下:①二者均属“受人之托”而对特定财产所实施管理和处分的行为。②二者均建立在信任的基础之上。信托的受托人和委托人之间,行纪的行纪人和委托人之间均具有信任关系,法律对信托受托人和行纪人所赋予的义务也比较相似,如善良管理人的注意义务。③二者都是以自己的名义进行。信托受托人和行纪人都是以自己的名义,就委托事务与他人进行交易活动,交易的后果首先由自己承担。

信托和行纪的区别主要有以下几点:

(1)制度属性不同:行纪关系主要是调整委托人与行纪人及特定第三人之间的债权债务关系,属于债法中的一种合同关系,行纪人对委托物仅有占有权。行纪合同是双务合同、有偿合同和不要式合同。行纪合同只需要双方当事人之间的意思表示一致即告成立,无须一方当事人义务的实际履行,也无须具备特别的形式。我国《合同法》第422条规定:"行纪人完成或者部分完成委托事务的,委托人应当向其支付相应的报酬。委托人逾期不支付报酬的,行纪人对委托物享有留置权,但当事人另有约定的除外。"英美法上的信托制度主要体现的是一种特殊的物权关系,对所有第三人具有法律效力,信托财产的所有权与利益相分离,财产所有权归属于受托人,信托利益归属于受益人,信托属于一种财产管理制度。信托合同既可以是双务合同,也可以是单务合同;既可以是有偿合同,也可以是无偿合同。

(2)适用的领域不同:行纪一般适用于商业领域,典型的是商品贸易及有价证券交易领域,属于有偿性质的商事活动。信托适用的领域更为广泛,除了商品贸易、财产管理等商事活动以外,还包括个人和家庭事务的委托。

(3)介入权的规定不同:行纪人的介入权是信托与行纪的重要区别之一,我国《合同法》第419条规定:"行纪人卖出或者买入具有市场定价的商品,除委托人有相反的意思表示的以外,行纪人自己可以作为买受人或者出卖人。"同时,行纪人一旦行使了介入权并不妨碍行纪人可以依照行纪合同的约定,以其已履行行纪合同义务为理由,请求委托人给付报酬。但在信托关系中,为防范道德风险,切实保障受益人的权利,严格禁止受托人享有介入权。

(4)利益归属不同:信托关系中,信托受托人以自己的名义管理信托财产,信托财产的收益归受益人所有。行纪关系中涉及财产的所有权和产生的利益均归属于委托人。行纪人为委托人所购、售的物品或委托人交给行纪人的价款或者行纪人出卖所得价金,虽在行纪人支配之下,但其所有权归委托人。

二、信托的要素

从信托基本架构来看,信托关系大致由三方当事人之间的权利义务关系构成,即委托人转移财产,受托人管理和处分财产,受益人获得利益的关系。

在英美法系中，信托一旦设立，委托人立即和信托没有关系，委托人并不被认为是信托关系的当事人，整个信托法律关系都是围绕着受托人如何为受益人之利益而管理和处分财产展开的。但大陆法系则确认委托人作为信托当事人的地位，并赋予委托人更多的权利，譬如我国《信托法》就将委托人列为信托当事人。除去委托人是否为信托当事人的分歧之外，无论大陆法系抑或是英美法系都认为受托人、受益人、信托财产、信托目的是构成信托的基本要素。

（一）信托当事人

1.受托人

受托人是指接受委托人的委托，依信托目的为受益人的利益对信托财产进行管理或处分的人。信托的本旨要求信托的实施必须借助于受托人的活动，因此受托人在信托目的实现中处于至关重要的地位。受托人可以是法人，也可以是具有完全民事行为能力的自然人。受托人一般由委托人委托，特殊情况下，也可以由法院指定。在英美信托法上，受托人的欠缺并不影响信托的有效成立，已成立的信托也不因受托人的死亡、无行为能力、辞任或被解任而归于消灭。当委托人没有任命受托人或者受托人拒绝接受或无法接受信托时，依据衡平法规则，法院可以任命受托人。在信托存续期间，如果受托人死亡、无行为能力、辞任或被解任，信托关系也不因此而消灭，利害关系人可以申请法院任命新的受托人，继续处理信托事务，这也是信托管理连续性的体现。当然，受托人的缺位只是暂时的，在没有受托人的情况下，新受托人的任命必须及时。总之，信托的成立不要求有确定的受托人存在，但信托实施时必须有确定的受托人履行受托人职责，以实现信托目的。我国《信托法》并未将信托受托人不确定规定为信托无效的情形。

2.受益人

受益人是指在信托中享有信托受益权的人。受益人可以是自然人、法人或者是依法成立的其他组织。受益人作为权利主体，法律一般要求自然人受益人只要具备民事权利能力即可,而不一定具备民事行为能力。受益人可以是一人,也可以是数人。委托人自己为受益人的信托是自益信托,受益人为委托人以外第三人的信托被称为他益信托。

受益人必须能够确定,但其是否实际存在则在所不问,譬如可以为尚未出生的胎儿设立信托,也可以为未婚夫妻婚后所生子女设立信托。信托受益人的确定性是指信托受益人或受益对象必须以明示方式指定,或以其他方法给予定义,使其可以被确定,否则,该项信托即会因不明确而被视为无效。信托受益人的确定性原则并非一成不变,而是不断发展的,有两类例外情形,即便信托没有确定的受益人也可以成立,具体包括:其一,公益信托,此类信托为公益事业而设立,受益人实际上是不确定的公众;其二,目的信托,此类信托没有受益人,信托财产被指定用于一些非公益的特殊目的,如为饲养宠物而设立的信托。

(二)信托财产

信托财产是指委托人转移给受托人并由受托人加以控制、管理和处分的财产。信托财产是信托制度的核心内容,信托的成立要求有独立的、可确定的财产。我国《信托法》第 14 规定:受托人因承诺信托而取得的财产是信托财产。受托人因信托财产的管理运用、处分或者其他情形而取得的财产,也归入信托财产。"如果委托人不将信托财产转移给受托人,信托便不能成立,受托人的活动和受益人的权利也将无所依托,信托财产一旦灭失,信托关系即告消灭。

信托财产有以下几个特征:①信托财产包括财产权利。信托财产范围广泛,凡是具有金钱价值的东西均可以作为信托财产,股票、债券等有价证券均可作为信托财产,信托财产还包括物权、债权、知识产权等财产权。②信托财产是委托人的合法财产。法律、行政法规禁止流通的财产,不得作为信托财产。法律、行政法规限制流通的财产,依法经有关主管部门批准后,可以作为信托财产。③信托财产具有独立性。信托一旦设立,信托财产即与委托人、受托人和受益人三方的自有财产相分离而存在。受托人必须将信托财产独立于自身财产进行管理,同时将不同信托的财产进行分别管理。

(三)信托目的

信托目的是指通过信托的设立所欲达成的目的。信托目的采用的是意思自治原则,委托人可以因各种各样的目的设立信托。但现代信托法一方面充分肯定信托目的的设定自由原则,另一方面又确认信托目的的合法性原则,不允许为违法性目的而设立信托,否则信托无效。例如,我国《信托法》第6条规定:“设立信托,必须有合法的信托目的。”信托目的可以分为以下三类:第一类是私益目的,这类信托被称为私益信托;第二类是公益目的,这类信托被称为公益信托;第三类是非以人类为受益对象的特殊目的,这类信托被称为目的信托。

三、信托的制度功能

著名经济学家舒尔茨认为,制度的功能就是为经济活动提供服务。每一种制度都有其特定的功能和经济价值。如货币的特性之一是提供便利,租赁、抵押贷款和期货可以提供一种使交易费用降低的合约,市场可以提供信息,保险公司可以共担风险,学校可以提供公共服务等。在舒尔茨看来,每一种制度都有其特定的功能,制度的基本功能就是为经济活动提供服务。信托在功能上和设立法人上有相近之处,信托的本质是制度。

信托的制度功能并非一成不变,而是不断扩展和延伸的。信托的内容由委托人最初的意图决定,或是由委托人和受托人的合意决定,信托内容的决定相对比较自由,但是,一旦信托被设立,委托人和受托人的意思就在信托目的和信托条款中被客观化和制度化了,即使是设立信托的关系人也不能随意地变更。信托的制度功能包括其基本功能和扩展功能,信托制度功能的不断创新是信托制度的核心竞争力所在。

(一)转移财产和管理财产的功能

信托转移财产的功能充分体现于他益信托。财产所有人希望将一部分财产转移给第三人享有,但由于某些因素的影响,在主观上或客观上无法将财产转移给第三人,此时,财产所有人可以设立信托,通过对受托人的中介设计,使第三人享受到与直接转移财产同样或是更为明显的益处。

信托管理财产的功能是指财产所有人希望特定的财产能增值,但受客观条件所限,没有能力亲自管理财产,因此将财产交付信托,由受托人代为管理,已实现信托目的。概言之,信托承担着“受人之托,代人理财”的功能。

信托转移财产和管理财产的功能被认为是信托的基本功能。尽管赠与、遗赠、继承等制度也具有转移财产的功能,代理、公司等同样具有管理财产的功能。但和上述制度相比,信托不仅可以同时实现上述两个方面的功能,还具有长期规划及巨大的弹性空间,其制度优越性明显。譬如家族股权信托就是将财富传承和现代公司股权制度完美结合的信托创新典范。

(二)融通资金的功能

信托融通资金的功能是指受托人在接受信托财产后,通过对信托财产的管理运用,引起了资金的流动,从而起到融通资金的作用。这一功能的发挥,受到社会融资体制和金融市场发展程度的制约,视各国对信托业务的认识和利用程度高低而定。

一般来说,资金融通功能的实现需要具备以下几个特点:首先,依赖于信托的财产管理功能。信托首先是一种财产管理制度,这是信托业务区别于纯粹的银行业务和其他金融业务的标志。其次,信托融资需求具有长期性,只有需要在长期内进行管理和运用的财产才有必要采用信托的方式,由于委托人对资金需求的时间较长,受托人也就可以对信托财产做长期性的运用。这样的信托产品一般是基于长期融资需求而设计的,信托机构借助这样的产品能够为社会提供长期资金,相应也就成为提供长期信用的金融机构。但中国以往的经验,却是贷款运用方式占据优势,长期融资的功能不彰,这与中国的信托业发展的特殊历程和信托业的制度设计都存在一定的关系,目前的信托新政已经进行了纠偏。最后,多数情况下,信托融资受益人的收益高于银行的存款利息。这既是由信托资金长期融资的使用方式决定的,也是由信托资金特定的运用方向和投资领域决定的。

（三）家族财富管理和传承的功能

信托家族财富管理和传承功能主要体现在家族信托，把家族财产注入信托基金，或设立股权信托，让家族成员成为受益者。家族信托的优势在于可以充分考虑继承人的不同特点和偏好，结合家族企业发展的需求，通过复杂的结构和条款设计达到家族财富传承的特定目的。比如，有些家族在设立信托时会专门设置类似“败家子条款”，即对不直接经营家族业务的家族成员，给予其特定份额的权益保障其稳定收益，但是禁止受益人转让或者处理信托财产，对受益人的权利进行限制，在保障继承人生活无忧的同时，也避免干扰家族企业的正常运作。

（四）投资开发的功能

投资开发的功能是指受托人按照信托契约将货币形式的信托财产运用于投资领域，参与社会投资行为所产生的功能。这一功能是在19世纪初英国工业化过程中发展起来的，当时由于对外投资的高利诱惑和投资安全的需要，投资基金应运而生，中小投资者集中资金委托专家进行投资管理，受托人将基金运用于金融市场中各种金融产品甚至非金融领域，并将投资收益返还投资人，自己获得约定报酬。战后，投资信托业务日益向基础产业及房地产业拓展，其投资开发功能日益彰显。

（五）社会福利功能

信托的社会福利功能主要体现在养老金信托。养老金信托是指企业为了方便向其退休职工发放养老金而设立的信托。福利国家的兴起在给社会公众带来优厚福利待遇的同时，也使许多国家的财政面临日益沉重的负担。因此，20世纪70年代以后，一些西方国家先后采取税收优惠等措施，鼓励企业的雇主与雇员建立私人养老金计划，更好地解决雇员的养老问题，而不再继续对职工养老采取大包大揽的办法。大部分的养老金计划都构成一项养老金信托。通过养老金信托，把私人养老金计划纳入信托关系，并根据信托法原理加以规范和管理，对雇员和雇主都有利。英国《1993年养老金法》和

《1995年养老金法》,美国《1972年雇员退休收入保障法》均强化了对养老金信托及养老基金的管理。

(六)社会公益功能

信托的社会公益功能是指不以某个特定的个人为受益对象,而是以整个社会或社会中某一部分人为受益对象,其就是为了社会公共利益,其范围一般涉及救济贫困、救助灾民、扶助残疾人,发展教育、科技、文化、艺术、体育事业;发展医疗卫生事业、发展环境保护事业维护生态环境等方面。信托在本质上是一种具有公益性质的特殊事业,受托人并非为自己而是为他人(受益人)收受和管理信托财产,因此,信托天然地具有利他色彩。我国2001年开始施行的《信托法》第六章对公益信托进行了规定,2016年颁布的《慈善法》第44条规定:"本法所称慈善信托属于公益信托,是指委托人基于慈善目的,依法将其财产委托给受托人,由受托人按照委托人意愿以受托人名义进行管理和处分,开展慈善活动的行为。"

第二节 民法的基本的内容

一、民法与系统论

(一)系统论与建构主义

第一,结构主义理论,它首次提出了事物的结构属性。经典的结构主义理论认为,事物的本质是结构,任何事物在本质上都是结构,而所谓结构就是由诸多要素构成的完整体系,而这个结构体系也叫系统。结构主义理论虽然明确阐述了事物的结构本性,但同时又认为,事物这种结构性是不可知的,人并不能真正认识到构成事物的内在结构,而我们认识到的所谓结构,都不是事物的结构本身,而是我们对事物结构的一种主观表达。结构主义不相信人们拥有把握事物本真结构的能力，而只能认识到事物的外在表象。因此，尽管它给我们认识事物提供了一种新的视野，但典型的结构主义理论最终必然会滑进不可知论中。结构主义最大的理论缺陷，就是其不可知论倾向，这就必然要过渡到解构主义理论。

第二，解构主义理论，它不仅主张事物的结构体系性特征，还认为人们能够认识事物的结构系统，能够把握事物结构本身。解构主义的理论贡献就在于它把结构主义理论向前推进了一步，突出和肯定了人的解构能力，克服了结构主义理论的不可知论缺陷。解构主义的核心思想就是指出了人的认识目的，即人们认识事物的唯一目的就是对事物的结构进行解构，理解事物的结构体系。解构在海德格尔那里叫作“解蔽”，解蔽的本质就是人对于隐蔽于事物内部的本相的一种揭示能力。事物的本性与结构，并非直接展现于人的眼前，而是一直处于遮蔽状态，往往只是零碎地展现于人的眼前，因而人们只有运用理性才能去逐步揭示事物的本性与结构。解构只是从结构学的角度来解蔽事物本质与特征的，其本身也存在先天的理论缺陷，即它只承认人们拥有解构能力，而不相信人们拥有对事物结构进行重新建构的能力。这就促成另外一种崭新理论的出现，即建构主义。

第三，建构主义理论的突出贡献是，它强调人的理性能动性。建构主义理论认为，人不仅能够认识事物结构体系，能够真实地反映其结构体系，而且能够把事物的内在结构重新展示出来。在建构主义看来，我们所有的概念与知识体系都是对事物结构体系的一种重新建构。这是对人的理性的最为充分的展现，是人作为精神存在者的一种完美体现。应当注意的是，建构主义理论本身包含结构论与解构论两种思想，它既克服了两者的局限性，又融合了两者的合理内核，并向前推进了一步。一方面，建构主义理论承认了事物的结构性。所有事物都是由多个要素构成的结构体系，承认了人的解构能力，人能够认识事物内在结构体系的本真面目。另一方面，建构主义特别强调人的建构能力，认为人所有的思想都是对事物结构的一种重新建构。由于事物是不断发展变化的，因而基于事物的认识也必然跟随其变化而发展。与此同时,事物的结构展示也是逐步展开的,所以对于事物的解构与建构也必然是一个不断发展与深入的过程,而非一劳永逸或一成不变。民法的立法与应用、学习与研究,也是对民法结构的反复解构、建构与重构的过程,因为民法本身就是一个由其精神与规范体系构成的宏大系统。

(二)社会系统论

卢曼的法社会学理论是建立在其社会系统论基础上的,它通过阐释法律在社会中的地位、作用及其与其他社会子系统的相互影响,揭示了法律的功能及其局限性。卢曼的社会系统论对于理解民法的精神与体系具有很强的工具性作用。他认为,社会本身就是一个复杂的系统,而这个社会系统是由各种有意义的行为所共同建构的,而这些有意义的行为在社会系统整体中则表现为高度的一致性,统一于这个社会系统的大网之中,而社会整体系统中的所有子系统又都有其特殊的功能。这些子系统各自形成其相对独立的完整体系,法律是社会系统中的独立小系统,它独立于道德、政治等其他社会子系统,具有其相对的独立性。同时,各个子系统又相互保持一定的开放与联系,并在整个社会系统中总体上保持协调一致,所有的子系统都必须各自拥有其独特的基础立场,以使得在系统开放的同时有可能保持自我指涉的封闭。社会子系统之间的相互关系具有两面性:一方面是各自的封闭独立性;另一方面是相互之间的开放性。这些所有的子系统共同构成一个协调统一的社会整体系统,即社会总系统。社会子系统主要有经济系统、政治系统、道德系统、法律系统、文化系统与教育系统等。这些子系统之间是相互独立又相互影响的,每个子系统的发展变化既受到其他子系统的影响,又离不开其他子系统的配合与促进。社会系统对人的意义在于,社会系统能够给人带来什么样的期待,给人们营造一个什么样的社会环境,这才是社会系统论所要阐明的基本问题,所有这些社会专门系统的解决方式都假定了,整个社会系统给它们提供了一个驯化的和可期待的环境。人们对社会整体系统有诸多期待,但最起码的一项期待是人们拥有一个良好的社会秩序,这个良好秩序的保障手段之一就是法律。

（三）法律系统与社会系统

社会系统之中包括法律子系统，并且法律在社会系统的生成与发展变化中起着基础性作用，同时也随着社会的发展变化而不断变化着。

首先，法律离不开社会整体系统。法律是社会系统中的小系统，社会是法律生成与成长的鲜活土壤，如果法律离开社会这个大系统，法律就成了无源之水，从社会学视角来看，法律是社会的法律并随着社会而变化。法律系统一旦形成，它就会把其内在诸多要素统一为一个相互关联的完整体系，这个体系自身是相对封闭的系统，“法律系统是一个规范上封闭的系统”。而法律以外的社会子系统要素要想成为法律要素，转换为法律系统之组成部分，就必须经过特定的程序，一旦法律系统与法律之外的规范（如诚实、信任或者善良的品行）相联系时，这些规范就在这种联系中具有了法律的属性。一个国家法制化的过程，就是非法律系统社会关系逐步走向法律系统化的过程，因为法治化程度越高，法律系统就会更多地把非法律系统纳入其系统。法律以其他社会系统为其生成与发展的根基，而一旦离开社会这个大系统，法律就没有了存在的必要，或者就不再是法律了。因此，社会是一个大系统，法律是社会系统中的一个子系统，并且是基础性子系统。

其次，法律不仅能够反映社会关系，更能积极地塑造社会。法律对社会系统具有基础性的塑造功能，它从各个方面塑造着其他子系统，进而全方位地影响到人们的整体生活，促进整个社会系统的有序、和谐、良性发展。这种促进作用，实际上就是法律对包括自身在内的整个社会系统之构成与发展所具有的特殊作用，即法律对社会系统的塑造功能，人类所有集体生活都直接或间接地为法律所塑造。法律不只是对社会某个子系统进行整合，而是对整个社会系统都进行重新塑造，法律仍然是一个整合全社会的手段。通过塑造与整合社会系统，法律使整个社会步入法治化轨道，法律也就成了社会系统各个结构相互关联的基本调节器。社会诸多子系统会通过法律来展现为一种普遍化的有效行为规范，并且通过这种规范化的法律系统来调整和规范其他社会关系，在法律领域，这意味着，诸社会子系统激发出了更为多样的规范投射——其中很多但并非全部可以变成法律。因此，法律是社会其他子系统在法律系统领域中的一种投射。当然，法律也并不能完全替代社会其他子系统，并非所有的社会子系统关系都能够转化成法律关系，因为不同的社会子系统有各自特殊的调整对象。总之，法律是能够为社会系统提供系统性规范的一个基础子系统，是融合与塑造整个社会系统的规范整合器。民法作为法律系统中的子系统，涉及社会关系的方方面面，调整所有私权关系，并通过这种调整来塑造社会中人与人之间的关系。

（四）民法系统论

民法作为一个社会系统中的法律系统之基本法律之一，其本身既是法律系统的子系统，又是一个相对独立的封闭子系统。

首先，民法是一个完整的民事规范系统。民法作为人造之物是按照其内在联系由宗旨、原则、制度和规则构成的一个完整系统。构成民法总系统的每个子系统又是由诸多次级子系统构成的，每个次级子系统又是由多个下一级的子系统构成，依次类推。民法由总则与分则构成，总则又由宗旨、基本原则、法律关系、主体制度、权利制度、民事法律行为和代理制度、民事责任制度和时效制度等构成；民法分则由人格权、物权、合同权、婚姻继承权等民事权利制度及其救济的侵权责任制度等构成。

我国于2020年颁布并于2021年施行的《民法典》是由总编与分编两大部分构成的一个完整系统。《民法典》如同民法领域的词典，这就要求其结构严谨、体系完整、内容充实，以方便人们使用与研究。《民法典》的编纂本身就是一个庞大的立法系统工程，编纂民法典，就是通过对我国现行的民事法律制度规范进行系统整合、编订纂修，形成一部适应新时代中国特色社会主义发展要求，符合我国国情和实际，体例科学、结构严谨、规范合理、内容完整并协调一致的法典。这是一项系统的、重大的立法工程。《民法典》就是把所有民法原则与规范都纳入一个统一的体系，成为一个词典式的民事法律整体。《民法典》的制定是按照成熟的价值理念和预定的逻辑顺序，把民法整体系统分解为相对独立的具体子系统，即分为几个编，然后再把每个子系统再分解为多个子系统;依次类推,每个小系统又可能由次级的小系统构成。因此,可以得出结论:民法是由不同层级的诸多小系统构成的结构严密的整体系统。在我国《民法典》编纂中,要处理好民法各编之间的关系,增强民事法律规范的系统性,既保持民事法律制度的连续性、稳定性,又保持适度的前瞻性、开放性,同时处理好衔接好法典化民事法律制度体系下各类规范之间的关系。我国《民法典》编纂的过程,就是对现有成熟的民事法律规范进行重新整合,使民法体系各个部分相互协调一致,整个民事体系结构严谨,最大限度地保持《民法典》内容的系统性,对我国现行民事法律制度规范进行了系统整合,在坚持民事法律制度连续性、稳定性的基础上,保持了适度的前瞻性、开放性、体例科学、结构严谨、规范合理、内容协调一致,已经比较成熟,建议提请本次会议审议通过。这表明我国《民法典》的制定秉持着科学立法、民主立法与规范立法完美统一的系统论方针。

其次,民法与经济、政治、道德等其他社会子系统之间,既相对封闭和独立,又相互关联与开放。仅从民法本身的角度,不能完全揭示民法的宗旨与精神,也不能真正理解与把握民法体系各个部分的核心理念及其相互关联。一方面,民法体系自身是由任务、原则、规范等多重制度构成的一个内在封闭系统;另一方面,由于民法本身来自社会系统,因而它必然受到社会经济、文化等外在系统因素的影响,同时民法还肩负着促进与塑造社会整体发展的使命。因此,民法既是一个保护民事权利的基本法,又是维护社会经济秩序、弘扬社会主义核心价值观、促进社会主义建设事业发展的基本法之一。

总之,借助社会系统理论的研究方法,研究民法要关注两个基本研究方向:一是注意探讨民法本身的系统论问题;二是兼顾民法系统与其他社会系统之间的关联问题。

二、民法系统论的研究对象与目的

(一)民法系统与民法前沿问题

民法专题系统论研究,是从系统论的视角对民法前沿问题进行的专题探讨。民法前沿问题主要指长期以来人们关注的理论或现实中的热点问题，即理论前沿或实践前沿的民法问题，如拾得物行为的报酬问题，地下埋藏物的权利归属问题。这些问题之所以是前沿问题，是因为它们所折射出的民法基本理念与民法实践之间存在着冲突，一些民法规则还存在违背民法理念与宗旨的不完善之处，人们的合法权益并不能得到民法的全面有效保护。这些民法前沿问题是理论界与社会公众长期关注或争论的话题。

民法前沿问题的特征有：第一，理论上的争议性。如民法上的抽象，人格权问题，占有的权利推定与占有取得制度问题。第二，现实中的热点问题。例如，地下乌木被村民发现后的归属或报酬问题的争论。民法的生命扎根于活生生的现实，而这些案件不仅引起学界的激烈争论，并且公众也通过各种媒介纷纷参与到案件的讨论中。第三，具有较高的研究价值。有些古老的法学主题，现在仍然是前沿问题，它们也许是历史形成的永恒论证话题，同时又充满了新的时代意蕴。例如，自由、平等和正义，人的本质及其法律上的确认与实现问题。这些主题不仅是古罗马时期的热点话题，也是近现代法哲学所一直争论不休的核心价值理念。之所以这些价值理念至今仍然是当今学界论证的热点话题，是因为西方至今也没有真正地实现它们。从柏拉图、康德到罗尔斯，法哲学家们都在梦想着构建一个拥有自由、平等、正义理念的理想国，但现实中至今却并没实现这种完美的理想国。我们是社会主义现代化国家，我们已经拥有实现这些价值观的制度保障，这就从根本上克服了西方制度缺陷，因而我们坚信能够把这些理念变为现实，实现真正的平等、自由、正义。我们国家的社会主义核心价值观，其中的自由、平等、公正等社会层面价值观是我国全面法治体系的精神根基，而民法中的平等、自愿、公正等基本原则，也正是我国社会主义核心价值观的法律化。

(二)民法专题研究的主要内容

民法前沿问题专题研究，是对我国改革开放以来的一些重要的民法问题进行较为系统的梳理与粗浅的探讨，而这种专题探讨是基于民法的精神与体系的逻辑顺序，运用系统论思维方法进行的。

本部分进行的民法系统论专题研究，主要包括以下内容：①《民法典》专题。这部分主要探讨了法国、德国等国家的民法典体例，并对《法国民法典》和《德国民法典》的特点进行粗浅的比较，意图从中得到一些启示。②民法的宗旨与精神专题。民法的使命彰显着民法的根本精神，彰显着民法体系的最高原则，也是理解整个民法体系大厦的总指针。民法的整个规范体系都是围绕着民法的宗旨而展开的，民法的宗旨既是对整个民法系统进行解构的出发点，又是民法立法与执法的终极目的。③民法基本原则专题。民法的基本原则包括平等原则、自愿原则、诚信原则、公平原则、合法原则、公序良俗原则和绿色原则等，是一个完整体系，而平等和自愿原则是民法的基础性原则，彰显着民法的权利本位和私法属性。而民法的其他原则是对自愿和平等原则的限制。④民事法律关系理论与民法思维模式专论研究。本部分主要探讨了民事法律关系与民事法律事实、民事法律规范的"三位一体"关系。要想理解这三个概念的其中一个，就必须联系其他两个概念。民事法律关系，是整个民法规范体系的总章程，是理解民事法律规范的总纲要，也是应用民法规范的总公式。⑤人格权制度专题。要弄清人格的属性，就必须了解哲学、伦理学是如何回答的，也要思考宪法学、民法学上是如何界定人格的。民法上的人格权在理论上最大的争议，即人格权有无抽象与具体之分，还有一个争议是人格权成为民法典中单独一编是否合理。⑥物权制度专论。这部分又分别探讨了物与物权的概念与意义、物权制度的宗旨、拾得物制度、占有制度等专题。重点研究占有制度，既探讨了西方主要国家的占有概念、属性、具体规定，又探讨了我国占有制度的不足与完善等问题。⑦合同撤销权专题。这部分既探讨了英美国家的虚假陈述规则、错误规则、重大压力规则等合同可撤销制度，又探讨了法国、德国、意大利等国家的欺诈、胁迫规则等合同可撤销制度。合同效力问题，是民法规范体系中的最为重要和最难的课题。合同效力，除了合同有效之外，还有无效、效力待定、可撤销等种类，而最为复杂的就是可撤销规则。⑧侵权责任制度专题。这部分主要研究侵权责任与理性人标准等相关问题。

总之，民法系统论专题研究，主要研究了民法的宗旨、属性、原则等涉及民法精神的民法核心主题，又探讨了民事法律关系、民事权利、人格权、物权、合同、侵权责任等民事制度中的前沿专题。这些内容形成了一个较为完整的民法体系。

（三）民法系统论的研究目的

在黑格尔看来，法的首要目的是使人成为人，并尊重他人为人。笛卡尔把人视为思想存在者，“我思故我在”，认为思想是人与世界万物的根本区别。人有思想，而思想的产品主要有哲学、法学等学科理论。罗尔斯认为，培养拥有基本善理念与正义感的道德人格的理性公民，是构建现代法治制度的基本前提。这些经典理论告诉人们，构筑理想法治需要一个拥有良好道德素养的公民群体，而法治现代化的最终目的也是塑造一个拥有基本善理念与正义感的公民社会。而法律人是这种法治理想大厦的专门构筑者，并且是这种公民群体中的法治素养卓越者。民法系统论专题研究的最终目的，就是探讨法律人所应有的民法精神与系统思维能力。

民法是民事主体参与民事活动所依据的基本法，也是社会主义市场经济的基本法。民法不仅是民事行为规范的基本法，也是体现社会主义核心价值观的基本法。民法不仅承担起个体民事权利保护的重任，也担负着维护社会公共利益与社会和谐的重任。因此，每个自然人、法人和其他组织都需要认真学习与领会民法的基本精神理念与民法规则，那么作为法律人就更应当系统地领悟民法的精神要义与规范体系。法律人与一般人的不同之处在于，法律人不仅自己需要系统掌握民法的精神体系，还担负着向全社会传播民法精神理念的重任；不仅自己要遵行民法规则，还要促使他人也一同遵行；不仅要保护自己的民事合法权利，还要肩负起保护他人的合法权益以及社会公共利益的神圣使命；不仅要塑造好自己的民法信念，还要承担着弘扬社会主义核心价值观的重任。如果仅仅只顾及自己的民事权利，而不关注他人权利与社会公共利益，那么这就不是真正意义上的法律人。

作为一名合格的法律人,必须具备两个方面的素质:一是具备优良的道德素养;二是具有系统的法律思维能力。

首先,法律人应该具备优良的道德素养。优良的道德品质,是一个法律人所必备的基本素养,不能把法律人与道德品行分割开来。一些人错误地认为,作为法律职业者的法律人,只要具备系统的法律知识就可以了,法律人与道德没有直接关系。其实不然,作为一个合格的法律人,首先必须拥有基本的道德理解力、道德判断力,拥有坚定的正义信念。初学法律的人往往容易受到法律实证主义理论的影响,错误地把法律与道德完全切割开来。现实中也确实存在一些法律人道德素养不高的问题,因为他们一开始就把学习法律的目的搞错了,错误地认为学习法律就是为了钻法律的空子,法律只是用来赚钱的手段。与此同时,法律课程中也没有真正意义上的法律人道德教育专门训练。再加上受社会上一些不正之风的影响,法律人的道德素养现状并不是很理想,这与法律人职业的要求是不相称的,因而眼下更需要加强对法律人职业道德素养的培养,而民法所蕴含的平等、自由、公平、诚信等当代社会主义核心价值观的学习与探讨,所以要将培养法律人职业道德精神与学习民法结合起来。

民法的根本宗旨是通过调整平等主体之间的民事关系,来维护当事人的合法权益,维护社会经济秩序,塑造拥有平等、自由和正义理念的良好公民,塑造一个拥有善良风俗的社会秩序和公平正义的法治国家。为更好地实现民法的宗旨与精神,法律人必须把民法与自己的道德素养提升相结合,具体包括:第一,法律人要始终能够坚守民法的根本精神,做一个民事权利与社会正义的忠实维护者。民法的基本精神就是民事权力至上,而法律人要把这一根本精神扎根于内心深处,树立维护合法民事权益和献身于法治正义事业的坚定信念,要做一个始终能够尊重和维护他人的人格尊严与民事权益的人。第二,法律人要能够把民法的一系列基本原则作为自己行为的根本指针。法律人的法律行为,要始终能够以平等、自愿、诚信、公平等民法原则作为其行为的基本指针,具有平等且自由的理性人格,真正成为一个诚实地拥有公平正义理念、维护当事人合法权益与社会公共道德秩序的人，从而真正做一个诚实守信、公平正直的良好公民和法律维护者。法律人首先要自己能够遵守物权规则、合同规则等法律，永远不做那些违反基本规则与制度的事，不做那些侵害他人合法权益和社会利益的事。法律人只有自己能够坚信民法精神与基本原则，亲自遵从民法基本规则与制度，才有资格带动其他人做一个守法的人；只有自己首先做一个民法精神的公共维护者，才能维护好其他民事主体的合法权益，也才能更好地弘扬社会主义核心价值观。反过来讲，如果一个法律人连自己都不明白或不相信民法的根本精神，也没有真正理解与坚守民法的基本原则与规则制度，那么他就不可能成为一位法律尊严的忠实维护者。第三，法律人通过探讨具体民事制度，来进一步铸造现代民法精神气质。通过人格权制度的探讨，法律人树立人格尊严至上理念，要始终能够做到平等地尊重他人的人格权，始终把他人当作拥有平等的自由权利的人来对待。法律人要通过物权制度的探讨，来树立占有正义理念。物权的本质是人的尊严，对物权的侵犯就是对物权主体人格尊严的冒犯，也是对法律尊严的冒犯。法律人通过合同制度的探讨，应当树立现代契约理念。这种契约理念，就是自由与责任的统一，就是基于诚信的合作与民主精神。通过学习侵权责任制度，法律人应当树立不伤害的正义理念与责任意识，并自愿做一个遵从普遍法则的理性人。总之，法律人通过民法精神与制度体系的学习与探讨，既要树立权力至上的法治理念，又要树立履行义务的责任理念。要想维护好他人合法权益，就必须养成尊重他人权利的习惯；要促使他人履行其应有民事义务、追究其不履行义务的民事责任，就必须自己首先树立牢固的义务与责任意识。当然，除了法律精神理念的素养，法律人还要拥有特有的法律思维能力。

其次，法律人要具有系统的法律思维能力。民法是规范人们生活的基本法，是人作为人存在的基本法，涉及每个个体以及社会的各个方面，是一个民族文明程度的时代特写。作为法律人，必须具备高于常人的基本法律素质，不仅要拥有系统的法律理论知识，还要具备特有的法律思维方法与能力。民法的调整对象,是民事法律关系,而法律关系本身就包含基本的法律思维定式。法律人要充分认识到民事法律关系理论在民法体系中的地位,更要充分认识到民事法律关系对于法律人法律思维养成的意义。民事法律关系是所有民事活动的始点与终点,而民法体系就是民事法律关系抽象化与具体化的系统展示。只有把握了民事法律关系原理,才能全面深刻地理解民法的根本精神与规范体系,也才能更好地运用民事法律关系原理来分析和解决民事法律问题。法律人应当拥有极为专业的法律阅读能力与法律问题解析能力,尤其是要从系统论角度把握民事法律规范、民事法律事实与民事法律关系"三位一体"的逻辑关系,并能够将这一理论应用到民法体系的解构与民事案件的处理当中。

最后,法律人要拥有勇于践行正义的勇气。践行正义的勇气,是法律知识与职业道德的一种结合,是法律综合素质的体现。我们并非要提倡虚无主义,法律人应当拥有正当的收入,但绝不能为了享受而不顾法律的尊严,把法律仅仅当作自己谋取私利的工具。卓越法律人才,不仅需要拥有系统的法学理论知识和法律技能,还需要卓越的道德品质,拥有卓越的法治精神,不仅要让他人守法,更要自己拥有坚定的法治信仰和守法、护法精神,要有决心为法治正义理念而献身的牺牲精神。我国思想家孔子就讲过"三达德"的理想人格要素,他认为圣人要拥有仁、智、勇三种德性,也只有这种人才有治理国家的资格。在当代中国,仁即以人为本、以人民为中心;智就是拥有辨别正义与邪恶的智慧能力;勇就是愿意并敢于运用自己的智慧为人民主持正义、铲除邪恶的践行能力,勇于始终坚守正义、真心为人民服务。而柏拉图也提出了类似的理想人格标准,认为只有同时拥有智慧、勇气、节制、正义四种德性的哲学家才拥有治理国家的资格。法律人是依法治国的专门人才,他们不仅需要拥有系统的法律知识技能,还要拥有敢于主持正义公道的道德能力,要勇于做一个大无畏的法律卫士。无论孔子还是柏拉图,在强调智、义的同时,都不约而同地主张把"勇"作为理想人格的必备德性,这说明勇是把智和义置换为现实的行为能力,而缺少坚守正义勇气的智者或贤人,本质上仍然是一个懦夫,甚至会异化为践踏法律圣灵的恶魔。因此,一个真正合格的法律人,不仅需要有法治理念和法治智慧,更要有运用智慧主持正义的勇气。如果没有勇于践行正义理念的勇气,学了法律也等于白学,甚至还不如不学。选择学法律专业,首先就必须树立敢于献身正义事业的勇气和决心,这就是法律人所必备的法治信念或信仰。我们现在实施的卓越法律人才培养计划之"卓越"主要表现为两个方面:一是法律知识技术的卓越;二是法治精神品质的卓越。一个真正的法律人,就必须立志做到清心为治本、直道是身谋,妙手著文章、铁肩担道义。不断地克服困难、不断地追求进步,这就是卓越法律人的卓越之处。学法律的目的就是要追求成为卓越的法律人才,如果你正在学习法律就要为将来成为一名卓越的法律人才做足知识与道德素养的专业储备。

构建全面的法治国家,必须不断地培育相当规模的卓越法律人阶层,而民法精神与体系的专题探究,将有益于卓越法律人法治理念与思维能力的培育。

第二章 信托的组织形式

第一节 设立信托的方式

一、设立信托的主要方式

根据英美信托制度，设立信托的主要方式有下列三种：

第一种是由财产所有人本人或促成他人作出声明，明确表示由本人作为受托人，为他人利益持有某特定信托财产，从而设立宣言信托。

我国《信托法》对是否承认宣言信托保持沉默，而学界普遍认为我国不承认宣言信托，主要原因可能是宣言信托中的信托财产不转移，因而信托财产不独立。然而，在不要求信托财产转移的情况下，即便是非宣言信托，信托财产的所有权也可能仍然属于信托人，从法理上来看也不能独立于信托人的其他财产，与宣言信托并没有多大区别。

第二种设立信托的方式是由财产所有人或对财产有处分权的人通过契据或遗嘱设立信托，并将财产转让给他人作为信托财产而持有，从而设立生前信托或遗嘱信托。

通过遗嘱设立信托是我国《信托法》认同的一种设立信托的方式，并且在《民法典》中也已有明确规定。然而我国设立生前信托的依据是合同法（遗憾的是《民法典》“合同编”中并未将“信托合同”作为一种典型合同列出），因此在我国基本上没有通过“契据”来设立信托，而只有通过“合同”来设立信托的情形。

第三种设立信托的方式是订立为他人利益而支付金钱或交付财产的合同，收款人或受让人作为受托人，为第三人利益持有该金钱或财产。例如，甲任命乙"为丙的受托人"，并因此承诺向乙支付1000元。在将这笔钱交付给乙并为之收取对价时，信托成立。信托人不仅可以通过向受托人作出承诺而设立信托，他还可以通过向第三人支付对价来促使第三人作出承诺而设立信托。因此，甲可以与保险公司订立甲本人的人寿保险合同，由甲支付保险费，保险公司承诺将保险金支付给丙的受托人乙，而乙有义务在丙有生之年从收到的保险金中为其支付抚养费。这样，甲作为信托人，通过促成保险公司订立一个有利于受托人乙的合同而设立信托，信托的受益人是丙。当保险公司发放保险单时信托成立。这种设立信托的方式在我国已经开始出现，多由保险公司与信托公司联手设计。

根据英美信托法，合同成立时信托并不成立，信托财产根据合同进行转移后信托才成立。如果合同成立而信托财产没有按约转移，则产生违约，法院可以要求当事人履行合同。如果违约方拒不交付信托财产，则法院不能迫使信托成立，但是却可以令违约方向守约方支付损害赔偿金。然而根据我国信托法以及一些学者和律师的理解，只要信托合同成立信托就成立，但是在信托财产转移之前信托不生效，从中可以看出国内信托被打上很深的合同烙印。这中间的困惑应当通过修订现有《信托法》来澄清。

根据以上分析，我国《信托法》只承认两种设立信托的方式：根据合同设立信托和根据遗嘱设立信托。

二、设立信托的书面证据

最初的信托既可以口头设立也可以书面设立，因为早期的普通法很少重视有书面文件证明的交易与没有书面文件证明的交易之间的不同。在制定如英国《反欺诈法》和《遗嘱法》等法律后，书面文件才取得了法律上的重要性。

英国1676年的《反欺诈法》第7条规定，所有关于"土地、地上保有物或可继承财产”的信托的设立应由依法有权声明设立信托者签署的书面文件或其最后的书面遗嘱来表示和证明，否则无效。该条已被1925年的英国《财产法》第53条所取代。第53条要求“关于任何土地或其利益”的信托宣言必须有书面文件表达并证明。英国《反欺诈法》的目的是防止错误的诉求，而为防止从这些交易中产生错误诉求的唯一方法是在没有确切证据时拒绝对其强制执行。尽管如此，英国法院在解释制定法时，判定土地信托仍然可以口头设立，只要在其后签署一份书面文件就足以强制执行该信托，因为法律仅仅要求信托的宣言或声明是由书面“表达和证明”即可。

同样，美国大多数州的反欺诈法也多为制定法，借鉴了英国《反欺诈法》的语言，要求设立“土地”信托或“土地上的利益”的信托要有书面文件。因此确定什么是“土地上的利益”就比较重要。一般而言，租借地是土地上的利益，而土地抵押担保债务本身不是土地利益，即使担保利益附随于债务。典型的美国反欺诈法不仅要求通过信托宣言设立的有关土地利益的信托要有书面文件，还要求设立第三人为受托人的有关土地利益的生前信托也要有书面文件。有几个州没有明确要求设立信托需要书面文件，然而即使在这些州，法院也一般拒绝强制执行仅仅凭间接证据证明的口头信托，而是要求有“清晰且有说服力的证据”来证明信托的存在。一般而言，英美反欺诈法只要求土地利益的信托需要有书面文件，并不要求动产信托也要有书面文件。因此，有关动产的口头信托是可以强制执行的，即使它可能附带设立一种土地利益。然而美国某些州的制定法现在也开始要求设立动产信托要有书面文件。

尽管反欺诈法所要求的书面文件不拘形式，可能是任何书面的、正式或非正式的、由合适的当事人签署的文件，但它必须能够合理确定地证明信托财产、受益人及其利益或信托的目的，否则不符合要求。美国法院允许用外在证据来帮助确定信托财产或受托人，因此，书面文件可以用一般的描述性语言来描述财产、受益人范围、受益人的利益范围或信托目的，而不必确切指定具体受益人，只要他们能被确定即可。另外，即便是不能强制执行的口头信托，受托人也可以适当地履行该信托，处分已经转入信托的财产。很多英美判例判定，如果甲将土地利益转让给乙，在转让当时甲乙之间存在信义关系并且甲依赖于乙向甲作出的、将凭信托持有该土地利益的口头承诺，则乙就是为甲的利益持有该土地利益的推定信托的受托人。

除了反欺诈法外，遗嘱法也要求遗嘱信托必须以书面形式设立，并要符合遗嘱法规定的形式要件。

总之，信托既可以书面形式设立，也可以口头形式设立。由于英美的反欺诈法或遗嘱法都要求涉及土地和遗产的信托应以书面形式创设，并且口头信托的条款多半无法确切证明，因此信托几乎总是以书面形式设立。我国《信托法》第8条明确规定设立信托应当采取书面形式。

设立信托的书面形式，即信托文件，是据以确定各方权利义务并将财产利益授予受托人和受益人的文件。信托文件中应该写明信托财产的处分条款和管理条款，前者确定受益人的利益，后者明确受托人在管理信托财产时的权利和义务。

第二节 信托成立的要件

一、信托人

自愿且有意以自己的财产设立信托者是信托人。通常信托人通过意思表示发起设立信托。信托人可以通过三种方式设立信托：一是通过信托宣言；二是通过订立信托契据或遗嘱；三是通过签订合同。如果用前两种方法设立信托，信托人必须对财产拥有可以转让的利益或对该财产利益拥有处分权，或信托人必须有权与拥有处分权的人订立合同；如果采用第三种方式，信托人必须有订约能力，或者有能力劝使另一方为受托人利益订立合同。

为创设明示信托，信托人必须拥有信托财产或对信托财产拥有处分权。如果信托人在法律上没有行为能力，诸如破产、精神不正常、未达到法定年龄或处于其他类似情形，或者如果信托人被非法劝诱，如信托人基于误解或由于受到他人的欺诈或不当影响而设立信托，则其创设信托的意愿可能无效或效力待定。由于设立信托的方式各种各样，没有统一的标准来确定每一个信托的信托人的行为能力。例如，在遗嘱信托的情况下，任何有能力订立遗嘱者都可以通过信托处分其财产；而不能订立有效遗嘱者不能设立遗嘱信托。在生前信托的情况下，无论信托基于信托宣言、财产移转或可以强制执行的承诺而成立，传统的观点是信托人必须具备生前赠与或通过其他方式作出直接财产移转时所需要的行为能力。如果财产的移转或承诺本身可能被宣布无效，或者在宣言信托的情况下，由于信托人是未成年人或无行为能力者，致使信托人对财产的转移行为可能会被宣布无效，则信托同样可能被宣布无效并被撤销。这一传统规则对于不可撤销的生前信托来说仍然合理，但是可撤销的生前信托其实是遗嘱的替代，信托人在生前一般很少放弃信托财产的利益而将其授予其他“受益人”。因此，现代信托法的趋势是可撤销的生前信托的信托人的行为能力应适用与设立遗嘱信托的信托人同样的标准，即在设立信托时具有订立遗嘱的行为能力。

根据英美法，信托人可以同时是受托人和受益人。但是唯一受益人和唯一受托人不能是同一个人，因为如此将没有人可以要求该受托人对受益人履行信义义务，根据利益合并原则，信托财产的法律上的权利和衡平利益归于同一个人时信托消灭。因此，为设立一个有效信托，信托人必须选择一个对其本人以外的他人负有衡平法义务的人担任受托人。

综上，每个人只要有能力制作遗嘱、订立合同、持有财产的法律所有权并管理财产，这个人就可以自主决定如何处分其财产，有权将其财产设立信托。如果某人可以合法、完全地转让其财产，他就可以将财产转让给信托，或者声明其本人为他人利益持有该财产作为信托财产。有订约能力者可以通过订立为第三人利益向受托人支付金钱的合同而设立信托。同样，信托的受益人如果没有被禁止挥霍条款限制其受益权转让能力，也可以将其信托受益权作为信托财产设立信托。因此，可能会有信托中的信托。

英美信托中的信托人一般在信托设立后就基本上丧失了对信托财产的权利以及监督信托实施的权利，除非他们在信托文件中作出明确保留。有时即使信托人仍然对信托财产保留权利，也是因为信托人作为受益人或者受益人之一以受益人的身份对信托财产享有权利，而非作为信托人对信托财产享有权利和权力。即便信托人希望今后在情势变更的情况下变更信托条款或者受益人，也不能亲力亲为。然而英美信托法允许信托人通过事先设计"指定权"，允许受托人或者某个受益人有权在必要时增加受益人，信托人则退出信托机制。

大陆法系则不然，相对比较重视信托人的权利。尤其在我国，大部分信托都是短期、自益的生前信托，且法律并不明确要求信托财产转移给受托人，因此信托人始终可能是信托财产的所有人，倾向于一直控制信托财产的管理与使用。我国《信托法》也赋予信托人强制执行信托条款的权利。另外，由于社会背景与经济发展原因，老年人可能无法接受设立信托就得把信托财产赠与他人的观念，这在实践中可能会阻碍信托的发展。可见，信托人在两大法系中的地位不同。

一般情况下，设立信托的要件之一是必须有信托人，但在推定信托的情况下，没有信托人，信托照样成立。这是因为推定信托是依照法律而成立的，目的是避免欺诈和不当得利。

二、受托人

为他人利益持有信托财产的法律权利的人是信托的受托人。当然，如果信托人对信托财产只拥有衡平法上的利益，受托人也只能拥有对信托财产的衡平法上的利益。信托的受托人通常由信托人指定，但也可能由衡平法院或遗产检验法院指定。受托人对受益人负有信义义务，任何人不可以被强迫担任受托人。被指定担任受托人者在明示或默示接受该任命之前不应承担任何受托人的职责。然而,一旦接受了受托人的职责,受托人只有经受益人同意或经法院允许才能解除这一责任。

信托的受托人可以只有一个,也可以有多个。如果信托人将财产转移给多个受托人,其中一人死亡或没有能力取得财产所有权,则信托财产的所有权属于其他受托人。同样,如果几个受托人中的一人拒绝担任受托人,则信托财产的所有权属于其他受托人。受托人可以是个人,也可以是机构。在美国几乎每个大银行都由信托部来管理信托并履行受托人义务。

受托人可以是信托人或第三人,也可以是受益人。但是如果唯一的受托人是唯一的受益人,则信托不成立或消灭,因为受托人不对任何他人负有义务。此时衡平利益和法律权利合并,受托人对信托财产拥有完全的所有权。判断一个可撤销的宣言信托成立,关键看自己担任受托人的信托人对其他人负有受托人义务,或者为他人设立了衡平利益。如果没有此关键点,就没有信托,信托人对于其财产仍保留完全的所有权。

任何有权取得信托财产所有权的自然人或法人都可以被任命为该财产的受托人。如果被任命的受托人失去民事行为能力或者行为能力受到限制因而不能管理信托,并不使信托无效,而只构成法院判定该受托人不符合条件并进而更换受托人的理由。除私人机构外,政府或市政公司也可能担任受托人,信托公司和很多银行也有资格接受和管理信托。但是外国公司有时由于法律的限制不符合担任受托人的条件或不能接受并管理信托。另外,非法人组织一般没有接受财产所有权的行为能力,因此不能担任受托人。我国《信托法》第24条也有同样的规定。

尽管一般情况下设立信托要有受托人,但是信托的成立并不以受托人的存在为条件。根据英美信托制度,如果信托人指定的受托人拒绝承担受托人职责或在信托成立后辞任,则法院会指定一个替代受托人。该规则有时被叫作“信托不因受托人缺位而无效”。同样,如果在遗嘱中指定的受托人拒绝担任受托人或死亡,而遗嘱中没有指定继任受托人,法院也会指定一个继任受托人。但是如果法院认定,或者信托文件中明确写明信托只能由某特定个人担任受托人否则信托不成立时，则该规则不适用。如果法院认定信托人的意愿是“只有当指定担任受托人的人继续担任受托人职责时信托才得以持续”，当指定的人不再担任受托人时信托终止。但是这条例外很少用到。通常英美法院会认定信托人的主要目的是让信托为特定目的而持续，并非在特定的人担任受托人时才持续。根据英美信托法，如果甲将财产转让给乙以信托之名持有，而乙拒绝接受，则甲基于推定信托持有该财产，将在法院指定新的受托人之后将财产转让给后者。

我国《信托法》也采纳了信托成立并不以受托人的存在为条件这一观点。例如，第13条规定：“遗嘱指定的人拒绝或者无能力担任受托人的，由受益人另行选任受托人；受益人为无民事行为能力人或者限制民事行为能力人的，依法由其监护人代行选任。遗嘱对选任受托人另有规定的，从其规定。”又如，第40条规定：“受托人职责终止的，依照信托文件规定选任新受托人；信托文件未规定的，由委托人选任；委托人不指定或无能力指定的，由受益人选任；受益人为无民事行为能力人或者限制民事行为能力人的，依法由其监护人代行选任。”然而，我国《信托法》没有赋予法院指定受托人的权利。

根据英美信托法的权利分割制度，信托的受托人一般持有信托财产的法律权利，受益人拥有衡平法上的利益。在管理信托财产时，受托人负有相当严格的义务，例如，受托人有义务仅仅为受益人的利益管理信托，法律严格限制甚至禁止受托人与其管理的信托之间的“自我交易”等。受托人必须保全信托财产，使信托财产能够产生利润，并且如果信托文件有要求，则应向受益人支付信托财产收益。在作出投资决定时，受托人负有对不同类型的受益人公平对待的义务，这些不同类型的受益人包括希望获得高收益的收益受益人，以及关心信托原物的保全和增值的剩余财产受益人。受托人的其他重要义务包括将信托财产与其自有财产相分离，保存会计账目，谨慎投资，以及不得将信托权利转让给他人行使等。如果管理信托财产不当，受托人可能无权取得报酬，有可能产生个人责任，并可能由法院解除其受托人资格。

三、受益人

受益人是受托人为其利益持有并管理使用信托财产者。信托创设的目的是为受益人能够享受信托的衡平利益,因此受益人必须有取得财产所有权并成为受托人的衡平法义务的对应权利人的行为能力。我国《信托法》第43条只规定"受益人是在信托中享有信托受益权的人。受益人可以是自然人、法人或者依法成立的其他组织",对受益人的行为能力没有要求。

私人信托和公益信托对于受益人是否必须特定化的要求不同。公益信托是为公共目的设立,公益信托的受益人只能是不特定的公众。英美信托法一般会指定政府部门代表公众监督执行公益信托。例如,美国各州的州检察官有权代表该州公民强制执行所有在州内设立并管理的公益信托。而私人信托则要求有特定的或可以确定的受益人。如果信托没有指定受益人,或者指定的受益人没有接受和取得信托财产的所有权或利益的行为能力,或者对受益人的描述太模糊或不确定,则信托不成立。当然,这并不要求一定要写明受益人的名字,受益人也不需要在信托设立时就被指定。如果信托文件提供了一个确定受益人的方法或对受益人进行了具体描述,只要在信托利益分配时受益人可以通过与信托人和其他人的关系加以界定,或者因同属于一个概括类别而可以界定即可。

但是,如果信托设立时受益人不太确定,信托会因此无效。例如,受益人是"由受托人选择的任何人"的信托无效。这是因为受托人与受益人之间存在高度的信义关系,如果没有人可以强制执行信托条款,则受托人不对任何人负有义务,信义关系就不存在。

私人信托可以为一组成员的利益存在,或者为受托人自主裁量决定的一个集团中的成员的利益存在,还可以为符合某些要求的成员的利益存在。例如受益人可以包括"在我晚年精心照顾我的人",或"甲的子女",或"在我去世时所有活着的侄子和侄女们"。

大部分英美私人信托几乎都设立了继受受益人利益。例如,信托收益一般分配给第一类受益人作为终身权益,接下来分配给第二类受益人作为终身权益,然后在信托终止时由受托人将信托原物分配给第三类受益人。这样,第一类受益人享有的是现时权益,后边两类受益人享有的是未来权益。

信托的成立并不以信托人通知受益人为条件,信托在信托人向信托转移财产或声明其本人作为受托人时成立,而不是在受益人收到信托的通知或同意接受信托利益时才成立。然而信托条款可以规定一个或多个受益人的接受作为信托成立的前提条件。被指定的信托受益人有权在得知信托成立后的一段合理时间内决定接受或者拒绝信托利益。接受和拒绝必须针对整个信托,并且是最终决定,一旦决定自始有效。我国《信托法》第46条允许受益人放弃信托受益权,但是没有明确是否可以部分放弃,还是必须全部放弃。为避免潜在的纠纷,决定放弃受益权的受益人应该放弃所有的受益权。

受益人的重要性在于其持有衡平法上的利益。如果受托人违反信托,受益人除了可以对违反信托的受托人拥有对人的请求权外,衡平法还给予受益人与信托财产相关的额外的救济:如果受托人错误地处置了信托财产,受益人可以要求其返还信托财产或恢复原状,除非信托财产已经由善意买受人购得;如果受托人用处置信托财产所得购买了其他形式的财产,受益人可以针对新购买的财产强制执行信托。

关于受益人利益的性质,学者们有不同观点,有人认为是对人权,有人认为是对物权,还有人认为是一半对人一半对物权。现代观点认为受益人不仅有权要求受托人履行信托,还对信托财产持有衡平利益,亦即受益人的权利既对人又对物。美国有些州通过制定法规定受益人对信托财产没有权利,但是这些法律往往被法院解释为只适用于有限的情形。受益人对信托财产的衡平利益可能是在某段确定时间内的利益,或在某人生存期间的利益,又或是一个绝对的利益;还可能是确定的,或附条件不确定的,或是可以确定的利益。信托人可以指定部分受益人为优先受益人,而其他受益人为次级(后位)受益人。共同受益人之间一般是按份共有关系,除非信托人明确表示希望他们采取其他形式的共有方式。共同受益人之间相互负有信义义务,任何受益人不得参与受托人从事的违背信托的行为,尤其不能从中获利。受益人的利益可以被继承,也可以在生前转让给他人,但该权利受限于信托中的禁止挥霍条款。

四、信托意愿

在意定信托的情况下,无论信托是口头设立还是书面设立,信托人必须明确表达设立信托的意愿。在表达设立信托的意愿时,信托人必须具有表达该意愿的行为能力。如果信托人在信托设立之时没有足够的行为能力来理解自己正在从事的行为,或者如果在试图设立信托时,信托人处于他人不当影响或受人欺诈的状态下,则信托无效。

信托人设立信托的意愿必须明确表达出来而不能仅仅停留在自己的思想中。因此,确切地说,在判断信托是否成立以及在确定信托条款的内容时并不考虑信托人的真实意愿,而只考虑信托人所表达出来的意愿,即意思表示。但是,英美法对于设立信托的意愿的表达方式没有特别要求,不需要用任何特定的词或词语来表示设立信托的意愿。有时即使不用“信托”或“受托人”这些词也可能设立信托。相反,仅仅因为用了“信托”一词,这本身并不必然表明信托人有设立信托的意愿。

例如,当某人以本人名义将钱存入银行声称是他人的“受托人”时,此人并不一定有声明其本人是所存入款项的受托人的意愿。判断依据是他是否表达了对其本人或对受让人施加为他人利益而处置财产的衡平法义务的意愿。如果财产所有人将其财产转让给他人,并指示后者将财产转让给第三人,或为了第三人的利益持有或管理财产,这就是一个充分的设立信托的意思表示。同样,财产所有人声明其为他人利益而持有财产也足以构成设立信托的意愿。当然不用“信托”一词有时可能会引起法律纠纷。

尽管信托意愿可以通过信托人的行为表达,但是更普遍的方式是通过口头或书面形式来表达。信托人必须恰当地表达设立信托的意愿，对某些必要的信托要件，例如，信托财产、信托目的和信托受益人等进行确定的或适当的描述，其中信托财产和受益人必须特定或可以确定。如果将要被受托人管理的财产不明确且不能辨认，信托就不成立。同样，如果对受益人的描述含糊，信托也无效。但是，如果信托文件写明“信托财产是在支付了债务、各种开销和赠与之后的剩余遗产”时，则足够明确，可以据此设立信托。

信托人很多时候不一定清楚他打算进行的财产处分的准确性质，但只要信托人打算创设的这种法律关系实质上符合信托的所有法律要件，则就是信托。

需要注意的是，非意定信托并不要求有信托意愿，因为非意定信托是因法律规定而成立，并不以信托关系人的意志为转移。

五、信托财产

受托人所持有的、受受益人利益制约的财产利益是信托财产。每一个信托都必须有信托财产。受托人的义务是将确定或可以确定的信托财产必须为他人的利益持有和使用。根据英美法，信托财产的种类通常包括不动产权益、有体动产、债券、股票、抵押权以及银行账户等，事实上任何可以流通转让的利益，无论是法律上还是衡平法上的，无论是不动产还是动产，也无论是有体还是无体的，任何财产或财产利益都可以作为信托财产由受托人持有。我国《信托法》第14条第3款和第4款分别规定“法律、行政法规禁止流通的财产，不得作为信托财产”“法律、行政法规限制流通的财产，依法经有关主管部门批准后，可以作为信托财产”。也就是说，法律没有禁止或限制流通的所有财产都可以作为信托财产，不受财产形式的限制。

当然，为了把信托财产的利益转让给受托人，信托人必须拥有合法的财产转让权。因此，设立有效信托的关键并不在于财产利益本身，而在于信托人是否拥有可以转让该财产利益的权力。信托财产必须是信托人在设立信托时所合法拥有的一种财产利益。根据英美法，在信托成立之前，信托人必须拥有信托财产中至少一项财产的所有权。因此,仅仅在将来有可能或期待获得的财产不是有效的信托财产。如果信托人试图将现在并不存在,但是将来可能得到的财产利益作为信托财产来设立信托,并不能设立现时信托;但是如果有人为此支付了对价,则当取得该财产之时起信托可能成立。如果没有对价,在信托人取得该笔财产之时信托也不成立,除非信托人重新表达了设立信托的意愿并事实上将信托财产转移给受托人。我国《信托法》第7条规定了信托财产必须是信托人合法所有的财产,并规定"本法所称财产包括合法的财产权利",但是没有明确界定未来可能得到的财产是否也可以作为信托财产。然而从前一款中可以推定,我国《信托法》不承认将来可能得到的财产为信托财产。

但是,需要区分信托人合法拥有的财产与将来可能得到的财产。例如,甲持有100万元的应收账款,根据合同在3个月之后到期。现在甲是否可以用这100万元应收账款设立信托呢?答案是肯定的。尽管甲目前并不实际持有这100万元现金,但是甲对于这笔基于合同产生的债权拥有现时权益。如果甲的父亲在遗嘱中写明将把100万元现金给甲,在甲的父亲死亡之前,甲对这100万元并不拥有任何现时权益,也不拥有任何确定的未来权益,因为他可能比父亲先死,或者他父亲在去世之前可能变更遗嘱……因此这100万元就不是甲合法拥有的财产,因而不能以此设立信托。

任何符合法律要求的财产或财产权都可以作为信托财产,因此作为信托财产的财产和财产利益并不一定等同于对某项财产的完全的所有权,而可能只是其中的一部分权益。它既可以是针对某项财产的一种现时权益,也可以是一种未来权益。例如,对某特定财产的终身所有权、期待性的剩余财产权益、信托人作为承租人根据租赁合同享有的租赁利益、权利动产、版税、人寿保险等任何可以被叫作财产的东西都可以成为信托财产。有些有关信托法的文章或著作中说受托人总是拥有信托财产的法律上的所有权,这种说法是不全面的。事实上,转入信托的财产利益本身既可以是一种法律上的利益也可以是一种衡平法上的利益,完全根据信托人对信托财产所持有的权利性质来决定。

例如，信托人对某片土地拥有绝对和完全的所有权，将其利益转让与甲，由甲为乙的利益持有者，此时甲作为受托人拥有该土地的法律上的权利。但是如果信托人是根据他人设立的信托享有信托财产收益的终身受益人，假设信托人希望将其享有的对该信托的受益权（即一种衡平法上的利益）转让给受托人，此时受托人针对信托财产就只能拥有衡平法上的利益。因此，在定义信托时，一般不会将其定义为由受托人持有法律上的所有权，而只是说受托人是权利人。当然，绝大多数信托的受托人都拥有信托财产的法律上的所有权。我国《信托法》并未承认权利分割理论，因此我国目前尚未出现这方面的问题。

英美合同法中非常重要的"对价"并非信托的必备要件。因此，根据英美法，向信托转让财产无须收取对价，从而信托可以无偿设立。然而，一个准备在将来某一时间设立信托的承诺却需要有对价才能强制执行。如果该承诺没有对价，一般没有拘束力。当将要成为信托标的物的财产还不存在或者还没有被信托人拥有时，设立信托与作出设立信托的承诺之间的区分非常重要。信托人不能针对还没有得到的财产设立现时信托，最多只能承诺在得到这些财产之后设立信托。如果这种承诺有对价支持，那么在得到这些财产之后信托人有合同义务设立信托；如果没有对价，该设立信托的承诺也无效。

需要注意的是，英美信托法中信托财产的概念有多种表述，如"trust res""trust corpus""trust principal""subject-matter of the trust"，均指"信托财产"，即在设立信托时信托人转移至信托的财产，或叫信托原物，而不包括信托成立后受托人经营管理信托财产取得的收益。因此在信托分配时对于信托原物和信托收益的分配是不同的，其税收后果也不同。受托人对信托财产进行投资取得的收益是划归信托原物还是划归信托收益，或者在信托原物与收益之间如何按比例划分，都有专门的法律规范。我国《信托法》第14条第1款规定"受托人因承诺信托而取得的财产是信托财产"。在这一点上，我国

《信托法》中的信托财产与英美法的信托财产是一致的。但是,第14条第2款规定:“受托人因信托财产的管理运用、处分或者其他情形而取得的财产,也归入信托财产。”显然,我国《信托法》将信托财产的原物与收益不加区分,统称为“信托财产”。这是因为我国还没有出现真正意义上的跨越数代的家族信托,因而对于信托原物与收益之间的区分在目前还不重要。为了区分信托财产与收益并且不与我国《信托法》的概念相混淆,在本书中有时用“原物”表示信托财产而用“收益”表示信托财产的收益。

六、信托目的

根据英美法,只要不违反法律、不违背公共政策,人们可以为任何目的设立私人民事信托。如果信托的目的不合法或者违背公共政策,则信托无效。根据违反法律或违背公共政策发生的时间不同,信托可能自始无效,也可能成立以后才无效。

信托目的不合法的情形很多,比如,信托的履行要求受托人从事犯罪或侵权行为,信托人设立信托是为了欺诈债权人或其他人,或者促成设立信托的对价不合法等。信托目的违背公共政策的情形包括信托倾向于鼓励犯罪或侵权行为、干预婚姻自由或鼓励离婚等。如果信托的目的不合法,受到损害的人有权要求撤销该信托,此时受益人一般不能强制执行该信托。如果受到损害的人没有对该信托的有效性提出异议,并且如果该信托还有其他没有过错的受益人,则受益人仍可以要求强制执行信托,前提是强制执行信托的结果不会实现信托人的非法目的。如果信托既有合法目的,又有非法目的,是否整个信托都无效则是一个需要法律解释的问题。附有非法条件的受益人的利益无效,而信托在去除该条件后一般可以被强制执行。

设立信托的目的通常是使信托受益人根据信托条款获得利益。最常见的民事信托目的是信托人和/或其亲属的利益管理、保全和分配财产。另外,信托还可以为很多商业目的服务,例如,向信托人的债权人提供担保或偿付、协助不动产的管理和销售、为证券投资的销售提供便利、提供一种商业经营方式,以及对资不抵债的公司进行清算等。信托用于管理和分配财产时的主要目的是减少所得税、遗产税、继承税和赠与税。信托的目的必须确定,但是英美信托法并不要求信托文件列出所有可能的目的。

尽管信托人可以自由决定如何实现信托的目的,但是信托的管理条款和其他非分配性条款必须合理地与信托目的相关联,并且不能将信托财产用于无效的信托目的。英美法院有权修正不实用的或损害信托管理的信托条款。信托人设立信托的目的不合法或履行信托的方式不合适,并不一定使整个信托无效,如果信托的实质性目的合法且可以通过其他途径实现,法院将会修正不合法的条款而使信托继续有效存续。

我国《信托法》第6条规定"设立信托,必须有合法的信托目的",但是没有对"合法"进行进一步的解释。通常认为"合法"的目的应指那些不违反法律和公序良俗的目的。

七、信托财产的移转

当财产所有人声明其本人为财产的受托人时,财产的交付不是信托成立的必要条件;然而当所有人的意图是指定他人为受托人时,信托成立必须符合一个要件,即必须有信托财产的移转。如果信托人有向信托作出转移财产的意图,并且完成了财产的交付,则信托成立。如果财产所有人没有现时转让财产的意图,或者尽管他有这样的意图却没有交付财产,则信托不成立。如果财产所有人作出意思表示要在将来某个时间将财产转让给他人凭信托持有,在财产所有人事实上转让财产之前信托不成立。当然,财产所有人也可能希望信托在其死亡之时成立,这时不可能设立现时信托,必须通过遗嘱设立信托,而遗嘱信托只能在财产所有人死亡后成立,同时还必须符合遗嘱法的规定。

信托财产的转移并不总是要求信托人将财产直接交付给受托人。有时信托人将财产交付给第三人时信托也可能成立,即使第三人不是受托人的代理人也没有关系。同样,将有关财产转移的书面文件进行注册登记也会满足财产交付的条件。如果信托财产的转移不完整,但受益人因依赖于信托而改变了其地位,英美衡平法院也可能迫使信托人完成财产的转移以使信托有效,但此时的法律根据是成立了一个推定信托。

受托人对信托财产的接受并非设立信托的前提条件,受托人拒绝接受信托财产并不必然导致信托无效。受托人的拒绝接受只是将自己从这些义务和责任中解放出来,却并没有终止受益人针对信托财产享受利益。当信托人试图将财产直接交付给某人为受托人来设立信托,而后者拒绝接受,此时信托不成立,这并非因为受托人的拒绝,而是因为财产没有交付,财产的所有权没有转移,财产仍然属于信托人。另外,当信托文件明确规定信托的成立以受托人的接受为条件时,受托人的拒绝接受可能会阻止信托的成立。

通常,无论财产是直接转让还是通过信托转让,如果让与人保留太多对财产的控制权,转让都可能无效。向信托作出的财产转移,除非信托人通过交付信托财产或通过转让契据将财产的所有权转移给受托人,否则转让也无效。一旦完成财产交付,信托就不会仅仅因为信托人保留撤销或更改信托的权利而无效,因为信托人将所有权转让给受托人时已经放弃了对该财产的控制权。

我国《信托法》第8条规定:“采取信托合同形式设立信托的,信托合同签订时,信托成立。采取其他书面形式设立信托的,受托人承诺信托时,信托成立。”因此,财产的交付和转移不是我国信托成立的要件,而受托人拒绝“承诺信托”则会导致信托不成立。上述规定给我国遗嘱信托生效节点的界定带来了麻烦。遗嘱信托是通过订立遗嘱来设立信托,属于“采取其他书面形式设立信托”的情形,而根据上述规定,此时“受托人承诺信托时,信托成立”。因此有学者和业界人士认为,在含有设立信托内容的遗嘱订立后,遗嘱并没有生效,而受托人却可能因承诺信托而使信托生效。但是遗嘱人死亡之前遗产并不发生转移,直到信托人死亡之前并没有信托财产的转移,并且遗嘱人在死亡之前随时可以变更遗嘱内容,包括设立信托的意愿,因此,根据我国目前的《信托法》,设立遗嘱信托存在着逻辑悖论。例如,甲订立的遗嘱中包含设立信托的内容，指定乙为受托人，由后者为其恋人丙的利益持有信托财产，而后乙立即“承诺信托”，根据《信托法》第8条的规定，该信托成立。然而数年后甲与丁结婚，婚后变更遗嘱，取消了设立信托的内容，决定死后所有财产由甲的配偶丁继承。此时丙是否有权请求法院强制执行信托？根据英美信托法，丙没有任何信托受益权，因为遗嘱信托只有在遗嘱人死亡且遗产转移至信托后才成立。但是根据我国《信托法》的上述规定，信托却可能已经成立。

其实，遗嘱信托本身首先是遗嘱，然后才是信托。既然我国《信托法》第13条规定“设立遗嘱信托，应当遵守继承法关于遗嘱的规定”，那么含有设立信托内容的遗嘱是否生效应根据《民法典》“继承编”中的规定来判断。《民法典》第1121条规定“继承从被继承人死亡时开始”，第1123条规定“继承开始后……有遗嘱的，按照遗嘱继承或者遗赠办理；有遗赠扶养协议的，按照协议办理”。即遗嘱是从被继承人死亡时才开始生效，因此，含有设立信托内容的遗嘱（信托遗嘱）也是从被继承人（遗嘱信托的信托人）死亡时开始生效。事实上，遗嘱是被继承人分配自己遗产的法律文件，而遗嘱信托的受托人的地位与任何一个遗嘱中指定的继承人或受遗赠人一样，只有当遗嘱生效、继承开始时才能根据遗嘱取得被继承人的全部或部分遗产，在此之前不存在信托财产，也就不存在信托。遗嘱订立后，在遗嘱人死亡之前，遗嘱并不生效，遗嘱人可以随时变更或撤销遗嘱，遗嘱中的任何内容，包括遗嘱信托，都可能变更或撤销，因此在遗嘱人生前不存在受托人承诺信托的可能性。即使受托人作出承诺，根据信托成立的要件，只要信托财产没有交付，信托也不成立。有时即便遗嘱人死亡，遗嘱已生效，继承已开始，但是由于某些信托成立的要件不具备，或因其他原因，信托仍然可能不成立。此时，信托失败，原定于转移至信托的财产应按照遗嘱的其他部分内容或者根据《民法典》的规定由其他继承人或受遗赠人继承。如欲解决这一逻辑悖论，需要修改《信托法》中有关信托成立及生效的条款。遗嘱生效应该是遗嘱信托成立的前提条件。

第三节 信托成立的抗辩

一、概念

上文论述了信托成立的要件，上述要件都满足，则信托成立。那么，信托的“成立”与“生效”之间是什么关系？如果把信托当作合同，用合同法的理论来分析信托，就会认为信托成立后可能不会马上生效。按此理解，信托的成立是指当事人依法完成了设立信托的行为，真实体现了当事人的意志，而信托的生效则是指当事人设立的信托具有法律上的效力，体现法律对信托效力的确认。因此，无论以合同、遗嘱还是其他形式设立信托，只要合同、遗嘱或其他书面文件具备了法定的成立要件，不管信托财产是否交付给受托人，信托均依法成立；待信托人将信托财产转移给受托人时，信托生效。信托成立后、生效前，信托人不依合同或其他书面文件完成使信托生效的行为，构成债务不履行，应当承担损害赔偿的责任。

然而根据英美信托法，信托产生于古老的衡平法制度，远早于契约的产生，因此现代合同法的理论不适用于信托制度。信托的成立与生效是同时发生的，不存在信托成立而不生效的情况。但是可能存在信托成立，而信托财产利益的分配延后的情况。还有很多信托的目的就是累积信托财产的收益，在相当长时间内并不进行分配。这并不意味着信托没有生效。

英美法中信托的设立一般叫作“creation”，而合同的成立叫作“formation”，“creation”含有创设信托关系的实质性含义，而“formation”是形式上的成立，二者有根本性不同。因此在分析英美信托关系时，要么信托成立并有效，要么不成立，没有成立而不生效的情形。我国目前实践中的信托关系与合同关系基本上混同，但是无论形式上如何混同，有一点应该明确，信托合同的成立未必意味着信托的成立，正如遗嘱的成立并非意味着遗嘱信托的成立。

如果没有信托财产的转移，或者其他设立信托的要件没有满足，即便信托合同或遗嘱合法成立，信托关系也没有成立。在这些情形下，不存在信托生效不生效的问题，但是却可能产生信托无效的情形，因为利害关系人可能对信托的成立提出种种抗辩，如信托由于不符合法定形式要件或因信托人使用恳求性语言而无效；信托没有完成现时赠与而无效；信托由于欺诈、不当影响、胁迫或误解而无效等。

二、形式要件

在英美法国家，对于信托的有效性经常提出的抗辩是：根据反欺诈法或遗嘱法的规定，信托的成立不符合法定形式要件。

如前所述，最初在英国设立信托并不需要用书面形式。1677年英国颁布的《反欺诈法》要求有关不动产的明示信托必须由当事人的书面签署来“表达和证明”。美国多数州也通过了类似的反欺诈法，要求关于土地利益的信托采取书面形式。但是在美国少数几个州，能用外在证据证明的土地信托只要通过“清晰且有说服力”的证据证明，法院也会判定信托成立。而默示信托和动产信托无论在英国还是美国都可以通过口头证据来证明。有时即使土地信托没有书面形式，但是受托人的部分履行或者受益人由于依赖于信托的强制执行性而采取的行动也可以说服法院强制执行一个口头的不动产信托。反欺诈法只可能使口头设立的土地信托效力待定，而不是完全无效。根据反欺诈法的规定，任何书面形式，包括非正式的便条等，都足以满足该法的要求，只要包含了完整的对于信托的主要明示条款的陈述并由适当的当事人签署。

如果信托人希望将财产利益在其死后转移给受托人和受益人，他必须根据法律规定订立并签署一份遗嘱。遗嘱要符合法定的形式要件，否则无效。

我国《信托法》第8条规定“设立信托，应当采取书面形式”，并进一步解释“书面形式包括信托合同、遗嘱或者法律、行政法规规定的其他书面文件等”。这说明我国对信托成立的形式要件要求非常严格，不承认口头信托。

同一条第3款规定:“采取信托合同形式设立信托的,信托合同签订时,信托成立。采取其他书面形式设立信托的,受托人承诺信托时,信托成立。”在我国设立信托必须符合这些法律要求,否则其他利害关系人就有权对信托的有效性进行抗辩。

三、恳求性语言

英美法中对信托成立的另一个抗辩是:财产的所有人仅仅用了恳求性语言,因此没有设立信托的意愿。恳求性语言是指非强制性的、只表达一种愿望或建议,希望财产的让与人将财产的全部或部分为他人利益而持有或使用的语言。此时要判断财产所有人是否有设立信托的意愿就有一定困难。例如,甲将一栋房产过户给乙,同时表示“希望你能帮忙照顾一下我乡下的兄弟”。这时甲的行为是认定为对乙的直接赠与还是设立了一个信托,由乙作为受托人为甲的兄弟的利益持有该房屋,就可能产生歧义。

早期英国法院的观点是即使财产所有人使用了恳求性的语言,信托也成立;除非财产所有人的目的太不确定,法院会判定他使用的恳求性语言表明其意图不是设立信托,而是向受让人直接赠与。然而现代法院似乎有些倾向于判定,使用恳求性语言表明财产所有人没有设立信托的意愿,最多构成道德义务。根据美国《信托法第三次重述》的规定,通常从恳求性语言中可以得出“让与人打算让受让人来决定是否听从建议”的推论。然而,即使财产所有人用了恳求性语言,只要受让人是银行或信托公司,法院通常不会将对后者作出的赠与解释为直接赠与。总之,要判断信托人是否有设立信托的意愿,要看财产所有人是否仅仅希望受让人对信托财产作出处分,还是希望创设一种可以被强制执行的义务以实现其所表达的愿望。换言之,假如财产所有人希望受让人可以像处分自己的财产一样自由处分所让与的财产,成立的是赠与,不是信托,财产直接授予受让人。假如财产所有人希望通过转移财产为受让人创设一种义务,使其为所有人本人或者其他第三人的利益管理或处分该财产,则成立的是信托。

由于我国《信托法》要求所有的信托必须采取书面形式，并且《信托法》第9条规定了信托的书面文件应当载明的事项，因此在我国用模糊的恳求性语言不可能设立一个有效信托。

四、将来设立信托的承诺

如果财产所有人仅仅声明他有在将来设立信托或承诺设立信托的意愿，无论通过将来将财产转让给他人作为受托人或者宣称本人为受托人，信托都不成立，因为设立信托的意愿必须是设立一个现时的信托而不是在将来某个时间设立信托。承诺在将来处分财产利益不是现时的处分，此时信托的有效性会受到质疑。

现时信托与将来设立信托的承诺不同。假设信托人设立信托，并希望自己根据信托有权得到信托财产的收益部分作为终身权益，死后再把信托财产及其收益分配给其他受益人，此时成立了一个现时信托，尽管其他受益人在信托人死亡之前不会得到任何财产利益。据此信托人拥有对信托财产的现时权益，而其他受益人享有某种延后的利益。信托人保留对该信托的撤销和修改权不会改变这个结果。可见，现时信托中的受益人并不总是持有现时权益，只要信托成立的要件得到满足，信托即成立，并不因受益人享有延后的未来权益而无效。

如果信托人只是作出将在未来某个时间设立信托的承诺，而一个或多个设立信托所必需的要素没有确定，则不能设立现时信托，因为这只是一个设立信托的承诺，此时信托人没有向受托人进行任何财产的转让。即使信托人有声明其本人为信托受托人，在信托人事实上确定信托财产之前信托也不成立。此外，如果某人声明将目前并未拥有，但是期待将来拥有或希望将来得到的财产设立信托，在他事实上得到该财产的利益之前信托也不成立，因为在真正得到财产之前他仅仅有期待权，这种期待权不能作为信托财产，最多是一个在将来设立信托的承诺。同时，根据英美法，只有在有对价时才有拘束力。如果这种承诺是无偿的，根据英美合同法一般不能强制执行，即便信托人后来得到该财产利益，信托也不成立，除非他在获得财产的当时就作出设立信托的意思表示，并将财产转移至信托。如果信托人已经为设立信托的承诺收取了对价，则该承诺有拘束力，衡平法院可能强制执行该合同要求信托人设立信托。

同样，如果信托人设立遗嘱信托，把在自己死亡之时可能拥有的所有财产转让给信托，该行为也不能设立一个现时信托，因为设立信托所必需的要素没有全部确定。遗嘱信托只有在立遗嘱人（信托人）死亡时才正式成立。另外，遗嘱信托必须符合遗嘱法的规定，否则在立遗嘱人死亡时也不成立。

尽管在未来设立信托的承诺并不产生现时信托，却可能产生一个受承诺人针对合同权利的信托。例如，甲承诺设立信托，任命乙为受托人，丙为受益人，如果该承诺因有对价而有拘束力，乙从而成为丙的针对甲的请求权的受托人。此时不仅有一个将来设立信托的承诺，还有一个针对受承诺人的合同权利的现时信托。如果承诺人拒绝或怠于执行该承诺，信托的受益人有权要求强制执行这些合同权利。

我国的情况则不同。我国的信托一般通过信托合同形式设立，信托关系与合同关系相混淆。当事人作出的设立信托的承诺有可能使信托成立，因为法律没有明确规定信托财产的交付是信托成立的要件之一。另外，我国《民法典》不承认对价的概念，因此即便设立信托的承诺没有对价也可能有效设立一个信托。在这一点上，我国《信托法》与英美信托法的区别显而易见。“将来设立信托的承诺”在英美法制度下可以用来挑战信托的有效性，但在我国可能无法作为一个有效的抗辩理由。

五、欺诈

因受欺诈而被诱导设立信托的信托人可以撤销信托或修正信托条款，除非不知情的受益人因依赖于该信托而改变了自己的情形，导致撤销信托或修正信托条款将对受益人不公。作出欺诈的主体是受益人、受托人还是其他人并不重要。一般情况下,一旦认定信托是受欺诈而设立,则向信托作出的财产转移无效。

六、不当影响或胁迫

一般而言,与诱使财产所有人直接赠与相比,诱使他人设立信托更加容易,尤其当信托是生前信托并且受托人也是受益人之一时。因此,如果在设立信托过程中发生不当影响,法院更容易判定信托无效。美国《信托法第三次重述》建议以下因素可以帮助确定信托是否应当因不当影响而被撤销:第一,当信托人在被说服设立信托时,被控施加不当影响者与信托人之间是否有信义关系及其信任程度如何;第二,受托人、受益人或第三人是否诱使信托人设立信托;第三,信托人设立信托是否非常不谨慎以及不谨慎的程度为何;第四,信托人的年龄、健康、智力程度和商业方面的经验以及信托人在作出设立信托的决定时是否听取过独立的法律咨询意见;第五,信托的特征和条款是否表明一个处于信托人地位的人设立信托是很不自然的。

七、误解或错误

当信托的设立或其条款的拟订是基于某种实质性的误解或错误时,信托人可以撤销该信托或修正信托条款。如果信托人收到对价后设立信托,则信托人单方面的误解或错误通常不足以让法院判定撤销信托。如果信托人没有收到对价,单方面的误解或错误则足以允许信托人撤销信托。受托人和受益人都没有诱导误解或错误的产生、都不知情或者都没有从中得到利益等事实并不重要;误解或错误是关乎事实还是关乎法律也不重要。然而寻求修正信托条款的一方必须有“清晰且有说服力”的证据证明有误解或错误的存在,并证明信托人事实上的意愿。

误解或错误包括表达错误和理解错误。表达错误指财产转让文件中包含了错误地表达转让人意愿的条款、没有包含应该包含的条款或者包含了转让人并不希望包含的条款。理解错误则指财产转让文件中包含了转让人希望包含的条款或者没有包含一个转让人不希望包含的条款,但是包含或不包含该条款的意愿是因转让人对事实或法律的错误理解而产生。例如,信托人的意图是设立可撤销的生前信托,但是签署的信托文件中没有包含撤销权,而根据法律,信托人没有在信托文件中写明保留撤销权的信托不可撤销。如果信托人告诉律师他希望设立一个可撤销的生前信托而律师在文件中错误地遗漏了撤销权,这就是一种表达错误。相反,如果信托文件没有包含撤销权的原因是信托人不知道要想设立一个可撤销信托必须在信托文件中包含这样一个条款,则该错误是一种理解错误。在任何一种情况下,有“清晰且有说服力的证据”来证明错误的存在,就可以通过修正信托条款来纠正该错误。

上述信托人修正信托条款的权利也可能被阻止或失去。即使信托的设立是由于不当影响、误解或错误而导致,信托人的后续行为仍然有可能被阻止信托的撤销或信托条款的修正。比如,因不当影响而诱使其设立生前信托的信托人日后签署了一份有效的遗嘱,遗嘱中纳入或援引该信托文件,则信托人以后就不能再撤销该信托。同样,如果发现了可以依法撤销信托的情形后信托人没有采取措施撤销信托,则最终信托人可能由于懈怠或者时效法的规定而失去对信托的撤销权。

第四节 信托的期限

一、传统的禁止永续权规则

根据英美法,信托的存续期限受到禁止永续权规则的限制。该规则并不直接限制信托的期限,而是通过限制信托利益确定的时间从而间接限制信托的期限。禁止永续权规则最初在诺福克公爵一案中由英国诺丁汉勋爵所创立,后来被英美法国家的法院接受。传统的对禁止永续权规则的描述是:

对不动产或动产的权益必须在权益设立时生存的某个或某些人的生存期之后的21年内被确定，否则无效。其依据是人们对确定的权益无法提出异议，而对没有确定的权益可以提出异议，因此该规则限制财产附有不确定权益的期限为自然人的寿命外加21年。禁止永续权规则的目的是保证财产可以根据市场需求在市场上流通并发展，以及为了限制“死人之手”对财产的控制，从而改变目前的财产所有人无法使用财产以应对现存需求的状况。另外，如果不限定期限，信托可能导致产生一批永久富裕的家庭，而其拥有的财富并非因为能力而得到。

禁止永续权规则的适用主要看权益何时确定。如果一项权益在创设时即确定，则不受该规则限制。如果一项权益是待确定的权益，则必须在永续权期限内确定，否则无效。例如，甲以一笔资金设立信托：“将收益在乙生存期间分配给乙，然后在乙的子女生存期间分配给乙的子女，然后将信托原物分配给丙。”乙的终身权益在信托创设时即确定，乙的子女的剩余终身权益在乙死亡之时确定，如果乙没有子女，则其剩余终身权益在乙死亡时消灭。而丙的剩余权益在信托创设时即为确定权益，尽管丙的利益确定时亦即在乙的子女死亡时可能远远超出某些自然人寿命终止后的21年，该信托也并不因此无效。

如果上述信托改为：“将收益在乙生存期间分配给乙，然后在乙的子女生存期间分配给乙的子女，然后将信托原物分配给乙的孙子女和外孙子女。”则乙的孙子女、外孙子女的剩余权益无效，因为这一类受赠人的每个成员直到乙的子女死亡时方可以确定，有些人甚至在甲死亡时都可能没有出生。如果甲死亡时乙有一个孙子丙，则丙的权益为确定，然而其他概括赠与的同类受赠人的权益却没有确定，因此丙的利益根据禁止永续权规则也视为不确定，信托因而无效。

因此，根据英美法，任何未来权益只要在“权益设立时生存的某些自然人”死亡后的21年内无法确定，则该未来权益自始无效。“权益设立时生存的某些自然人”可以是任何在永续权期限开始计算时生存的一个或多个人，这个人可以被叫作“参照者”。一般而言，永续权期限自信托文件生效时开始计算。如果通过遗嘱创设权益，参照者必须是在立遗嘱人死亡时生存的人。如果通过信托契据创设权益，参照者必须是契据或信托生效时生存的人。如果通过设立一个可以由信托人撤销的生前信托创设权益，参照者必须是撤销权终止时生存的人。通常撤销权在信托人死亡时终止。

为了保证信托不违反禁止永续权规则，英美法律师一般在信托文件中会加上一条保留条款：“尽管本文件中的其他条款可能有不同规定，本信托将在本文件生效之日生存的信托受益人中的最后一个受益人死亡后的第21年届满后终止。如果发生这种终止，当时剩余的原物和没有分配的信托收益应按同等比例分配给当时的收益受益人。”通过这样一条保留条款，信托财产的利益就不会违反禁止永续权规则。

二、现代规则的演进

20世纪末期，关于禁止永续权规则的争议颇多，有人提出该规则需要改革或废除。司法、立法上也有相应的变化，适用的原则可分为：近似原则，或缓行原则，或主张废除该规则。

近似原则又叫作修正原则。根据该原则，法院可以对违反禁止永续权规则的信托进行修正，使得该信托可以在永续权期限内执行被继承人的意愿。这一原则被美国几个州采纳。在执行近似原则所赋予的权利时，法院可以在信托中强加一个保留条款，一旦由于种种原因导致信托中的赠与无效，该条款可以在最少干预被继承人的明示意愿的情况下发挥作用。

缓行原则也叫作“等等看”原则，是1947年美国宾夕法尼亚州的立法者在决定废除禁止永续权规则时创设的，该原则的主旨是“等等看什么会的确发生”，而并不因为可能会发生的事情就判定某种权益无效。但是缓行原则也有不利之处，如在“等等看”期间无法确切知道某种权益是否有效可能会带来不便，另外，缓行原则延长了“死人之手”的控制时间。因此，尽管美国《财产法第二次重述》中将缓行原则写入，但是该原则始终只有少数州通过立法或司法实践采纳。这些州之间对缓刑期限也有不同的看法，有些州认为普通法的永续期限为缓刑期限，而另外一些州则认为《禁止永续权规则的统一立法》中规定的90年为缓刑期限，即所有的权益必须在信托设立后的90年内被确定。在90年结束时，任何没有被确定的权益由法院修订以期最好地完成死亡已久的被继承人的遗愿。该统一立法得到州律师协会的支持，因为比较容易确定90年的缓刑期限，该期限可以有效保护律师不会承担因违反该规则而产生的渎职责任。

目前在美国有许多州已经或者开始考虑废除禁止永续权规则，尤其关于动产信托。例如，特拉华州已经废除了适用于信托的禁止永续权规则。不动产信托可以存续110年，而动产信托可以永久存续。

综上，英美法中的禁止永续权规则通过要求衡平权益必须在永续权期限内确定或者消灭来达到所有对财产有请求权的人都可以在该期限内被确定的结果。这些确定的受益人在永续权期限结束时可以终止信托。

我国《信托法》没有对信托的期限作出规定。目前已有的营业信托多为短期自益信托，还没有出现长期信托。信托的期限多由合同双方当事人确定，尚无法律规范。

第三章 信托的变更和终止

第一节 基本理论

一、信托的连续性

为了确保信托目的实现，信托法确立了“信托连续性”原则。信托具有和法人类似的长期财产管理功能，信托成立之后，信托不会因信托受托人的缺位而终止。英美法上有“信托不因受托人缺失而失败”的法谚，我国《信托法》第52条也有信托不因“受托人的死亡、丧失民事行为能力、依法解散、被依法撤销或者被宣告破产而终止，也不因受托人的辞任而终止”之规定。而且，受托人即使辞任，“在新受托人选出之前仍应履行管理信托事务的职责”；受托人职责终止的，其继承人或者遗产管理人、监护人、清算人应当妥善保管信托财产，协助新受托人接管信托事务。很显然，特定受托人的职责终止，信托并不会因此而终止。信托的连续性还体现在遗嘱信托也不因受托人欠缺而影响其成立、公益信托要适用“近似原则”等方面的规定上。

我国《信托法》第52条同时规定了委托人的缺失也不会导致信托终止。信托虽然主要是因契约而设立，但是信托毕竟不同于契约，信托当事人的缺位并不必然导致信托关系的终止；而且，信托设立之后即脱离委托人而独立存在，由受益人强制执行。

信托制度的最大优点就在于其灵活性。虽然信托可以作为长期的财产管理制度，委托人的意愿被“冷冻”在信托的结构之中，但这并不妨碍当事人在事前或事后终止或变更信托,也不妨碍信托因法律规定条件的出现而被变更或者终止。和法人制度相比,信托反而具有在短期内完成当事人目的的制度优势(信托的灵活性之一就在于其存续时间可长可短)。所以,《信托法》第52条但书规定:“但本法或者信托文件另有规定的除外。”

二、信托的变更(含终止)的类型

广义的信托变更包括以下几种:

第一,对信托的目的和信托内容(条款)的变更。这是狭义的变更,信托管理方法的变更也应被包含在这里。考虑狭义的变更之时应区分两种情况:①对信托条款的些许更改并不会和信托最初目的发生冲突,因此一般不会有问题,对这种类型的更改设置过高的要求是不合适的。在一个迅速发生变化的世界,随时的调整是必要的,若信托不能随着改变的环境进行调整,信托制度就无法和其他制度进行竞争。②当某一变更构成根本性的变更,如对信托的变更有可能和信托目的相冲突甚至需要改变信托目的时,必须慎重考虑变更的程序和条件。似乎只有在委托人同意这种变化的时候才能允许,因为是委托人设定了信托目的,其维护信托目的存续的利益不应被忽视。当然,有时也需要得到其他当事人(受益人和受托人)的同意。

第二,受托人、委托人和受益人的变更——当事人的变更也属于狭义的信托变更。

第三,信托的分立和合并也应属于信托狭义变更之一种。

第四,信托终止(包括信托的解除)为广义的信托变更。这个范围若再扩大一些,还可以包括信托的无效和撤销。

第二节 信托的变更

一、对受益人和受益权的变更

(一)受益人有重大侵权行为

如果受益人对委托人或者其他共同受益人有重大侵权行为的,委托人可以变更受益人或者处分受益人的受益权。本条使人联想到我国《合同法》(关于赠与合同)和《继承法》中的类似规定,其背后的原理也具有一致性。特别是在遗嘱信托场合,受益人为了促使信托生效以尽早取得信托受益权,而会故意对委托人的生命、人身进行侵害;或者,受益人为了谋取更大的信托利益,而故意对其他共同受益人的人身和财产实施侵害,此时,委托人有权采取类似剥夺受益人受益权的行动。虽然条文字面上规定委托人仅有权就"信托设立后"的受益人的行为作出反应,但在解释上应当允许委托人以信托设立前发生的、并未知晓的重大侵权行为为理由变更受益人。而且,受益人的行为构成条文字面上所指的"重大侵权行为"自无异议,根据"举轻明重"的原理,其他更严重的违法和犯罪行为亦应包括在内。

在信托法中之所以授予委托人这种变更和处分的权能,其基本假设是:委托人所设立的是民事信托、他益信托,其实质上和赠与相类似,属于无偿向受益人转移和分配财产的行为,若受益人作出上述"背信"或者"忘恩"行为,则委托人有权变更受益人或者处分其受益权。但是,这一规定忽视了现实中所存在的信托多数是营业信托,且这种信托多是自益信托;即使是他益信托,其背后也可能隐藏着委托人和受益人之间的交易关系和其他利益交换关系,不能因为受益人对委托人(或其他受益人)所从事的侵权行为直接剥夺其受益权。因此,似乎应把这一条的适用严格限制在赠与型的民事信托的范围之内。

另外，根据《继承法》第20条第1款规定："遗嘱人可以撤销、变更自己所立的遗嘱。"在遗嘱信托的场合，委托人（立遗嘱人）亦可变更受益人和受益权。当然，这更可能被解释为遗嘱信托是否成立的问题而非成立之后对受益人的变更问题。

（二）经过受益人同意

此可理解为委托人和受益人通过事后约定进行的变更。

（三）信托文件规定的其他情形

此为事前在信托文件约定的变更。

（四）因受益权的转让导致的受益人变更

受益权为财产权，原则上具有可转让性，受益人可以用于清偿债务，也可以依法转让和继承，当出现这些情形时，就会发生受益权的继受和受益人变更的问题。

二、对信托内容的变更（信托条款、信托管理方法和信托目的变更）

（一）信托财产管理方法的变更

信托财产管理方法是最重要的信托事项之一，它和信托目的、信托利益的实现有着密切的关系。一般而言，信托财产管理方式一经信托文件确定，信托当事人不得擅自加以变更。但由于社会的经济和金融状况不断变化，为了信托财产的保值、增值和信托目的的实现，应允许在一定情况下变更信托财产管理方法。因此，我国《信托法》第21条规定："因设立信托时未能预见的特别事由，致使信托财产的管理方式不利于实现信托目的或者不符合受益人的利益，委托人有权要求受托人调整该信托财产的管理方式。"另据同法第49条第1款，受益人也有同样的变更请求权。

1.变更条件。委托人和受益人对信托财产管理方法进行变更，必须同时符合以下两个条件：

(1)出现了信托设立之时未能预见的特别事由：该事由以未能预见为前

提,如果某种事由在设立信托时已经预见到,即使信托设立后出现了该事由,也不能依该事由的出现而要求调整信托财产的管理方式。例如,设立信托时就已预见到股指期货即将推出,但信托文件未将股指期货纳入信托财产的投资范围,信托设立后委托人和受益人就不能单方面要求受托人将新推出的股指期货纳入信托财产的投资范围。未能预见的事由通常包括两种情形:①信托文件规定的管理方式因未能预见到的事由而变得不可实施或者不适合实施。例如,信托文件规定的管理方式是对金融机构股权进行投资,但信托设立后,国家出台了政策,不允许信托财产对金融机构股权进行投资。②信托设立后,出现了设立当时未能预见到的新的财产管理方式和投资品种。例如,信托文件规定的管理方式是对商品期货进行投资,信托设立后,国家又推出了金融期货投资品种。

委托人可以通过在信托文件中授予受托人比较宽泛的管理权(投资权)的方式来避免因管理方法不合时宜而需要频繁变更的情形,也使受托人有更多的管理(投资)方法更好地为受益人服务。当然,委托人同时也要承担受托人滥用过分宽泛的管理职责所带来的风险。

(2)因该事由导致了信托财产的管理方式不利于信托目的实现或者不符合受益人的利益:即使出现了信托设立时未能预见的特别事由,只要该事由没有导致原有信托财产管理方式不利于信托目的实现或者不符合受益人利益的结果,委托人和受益人也不能依该事由要求受托人调整信托财产的管理方法。比如,信托文件确定信托财产的投资策略是进行稳健型证券投资,信托设立后,出现了当时未能预见到的新的证券投资品种,如果该证券投资品种不符合稳健型投资策略,就不能认为原有的管理方式不利于信托目的实现或者不符合受益人的利益。相反,如果该证券投资品符合稳健型投资策略,则可以要求调整原有的管理方式,将该证券投资品种纳入信托财产的投资组合之中。

2. 变更方式。对信托财产管理方式进行调整的方式,由委托人和/或受益人采取“要求受托人调整”的方式进行。

(1)《信托法》没有要求委托人和受益人必须共同行使该变更权:这样,既可以由委托人或受益人单方提出调整要求,也可以由委托人和受益人双方共同提出调整要求。如果双方提出的要求是一致的,受托人按该要求执行即可;如果双方的要求不一致,可根据我国《信托法》第49条第1款之规定,申请人民法院作出裁定。问题是,在只有委托人或受益人一方提出变更要求时,如果受托人按该方要求对信托财产的管理方式作出了调整,事后,另一方又表示反对的,又该如何处理?从我国《信托法》规定的精神来看,委托人或受益人可以单方面行使信托财产管理方式的法定变更权,因此,依据一方的要求所作出的调整,应该对没有提出要求的一方具有效力,如果受托人已经依据该方要求进行了调整,另一方在事后不得提出异议。

(2)向谁提出变更:委托人、受益人可以向受托人直接行使这项权利,也可以通过法院作出裁定行使这项权利。

(3)调整要求的形式和内容问题:信托法要求设立信托应当采取书面形式,解释上,委托人和/或受益人依法提出的调整要求,也应当采取书面形式。

(二)其他信托内容的变更

本条仅仅规定关于信托财产管理方法的变更。由于信托财产的管理方法是信托最重要的内容之一,法律对其变更采取的是限制的立场。根据“举重明轻”的原则,其他的信托内容的变更也是可以的。但是按照什么样的程序进行变更,是否也要满足这里规定的条件,都值得思考。例如,对于信托的其他内容的细微变更,若对当事人并无实质影响,似应归于受托人裁量的范围,不应遵循如此严格之条件。

三、约定变更中决定变更的主体

如前所述,我国《信托法》规定委托人和受益人有权在符合有关条件的时候决定是否变更信托(法定变更)。但是,就是否应考虑受托人的意见、委托人和受益人的意见发生冲突的时候如何处理,并没有作出明确的规定。

第一,委托人、受托人和受益人通过合意可以自由变更信托。

第二,明显不违背信托目的的变更,不需要和委托人之间进行合意,仅有受托人和受益人之间的合意即可。

第三,信托的变更如果明显不违背信托目的,且明显符合受益人的利益,亦不需要和受益人之间的合意,只需要委托人和受托人之间的合意。

第四,信托的变更明显不危害受托人的利益的,不需要和受托人的合意,只需要委托人与受益人的合意(但不适用委托人目前不存在的情形)。

第五,明显不违背信托目的的变更,且信托的变更明显不危害受托人的利益的场合,根据受益人的意思表示可以进行信托变更。

信托法关于变更信托权限的规定为任意规定。可以通过信托行为进行安排,例如,可以委托特定的第三人对信托进行变更。也可以看出,除了信托文件有明确约定之外,委托人自己一般不能单独变更信托。

第三节 信托的终止

一、信托的约定终止

根据举重以明轻的原则,若当事人能通过约定的方法终止信托关系,自应允许当事人通过同样的方式对信托进行变更。因此,下面的讨论对于信托的变更也适用,这里不单独讨论信托的约定变更。

(一)根据信托文件规定的终止事由的发生而终止

信托文件规定的终止事由大致可以分为以下两类:

1.附终止期限。信托法虽然没有对信托的存续期限作出限制性规定,理论上委托人可以设立无期限的信托,但在实务上,信托当事人通常会规定信托的存续期限(设定永续存在的私益信托亦可能因违背公序良俗而无效),一旦信托文件规定的期限届满,信托即可终止。

2.附终止条件。信托文件中可以规定信托终止的条件。例如,信托文件规定受托人因死亡、丧失民事行为能力或者依法解散、被依法撤销或者被宣告破产等原因无法履行职责时,信托终止;也可以约定因受托人的辞任而终止。当事人可以约定受托人在符合这些条件的时候信托终止,此时的信托可以被理解为一种“专任信托”,此时的受托人为专任受托人。再如,信托文件规定未成年之受益人成年时、未婚之受益人结婚时、未工作的受益人就业时、受益人之特定学业完成时等,信托终止。一旦信托文件中明确规定的终止条件成熟,信托即予以终止。

(二)信托当事人事后协商同意

根据“意思自治”原则,信托当事人如果经协商一致,同意终止信托,信托应当终止。而根据信托法的规定,信托当事人包括委托人、受托人和受益人。因此,从字面理解,“信托当事人协商同意”似乎指经委托人、受托人和受益人三方一致同意的方式。但是,在多数的情况下,看不出解除信托为什么一定需要受托人的同意;实际上我国《信托法》第53条就规定若委托人是唯一受益人的,可以终止信托,这样可以推出一个合理的解释是,委托人若能和全体受益人达成合意,亦能解除信托。我国《信托法》第51条第1款第3项明确规定委托人和受益人可以合意解除信托。作为参考,《日本信托法》第164条也明文规定,除信托行为另有约定的情形外,委托人和全体受益人达成合意,则可以解除信托,但在不利于受托人时终止信托的,除非委托人与受益人有不得已之事由,否则必须赔偿因终止信托而给受托人带来的损害。

二、信托的存续违反信托目的

所谓信托目的,是委托人设立信托所欲达成的意愿,是信托成立和存续的基本要素。因此,如果信托的存续违反了信托设立时所定的目的,信托依法应当终止。例如,委托人为了其未成年子女的本科教育为目的设立信托,信托文件并没有规定受益人本科毕业之后开始工作后信托应当终止。但是，受益人大学毕业后已经开始工作，如果允许信托继续存在，使原受益人继续获取信托利益，显然违反了信托目的，因此，该信托在未成年子女大学毕业后应予终止。

三、信托目的已经实现或者不能实现

委托人为了实现特定的信托目的而设立信托，一旦该目的实现，信托便失去继续存在的必要性。例如，委托人设立信托，目的是以信托财产为受益人提供留学费用，当受益人留学归来，信托目的已经实现，该信托即告终止。

信托目的也可能基于客观原因变得无法实现，此时信托也应终止。例如，委托人以对某公司的股权作为信托财产设立信托，目的是由受托人变卖股权并将所得款项资助受益人创业。但经受托人调查后，该公司因资不抵债已经进入破产程序，信托财产已经没有任何价值，信托目的因此不能实现，该信托依法就应当终止。再如，委托人设立信托，目的是以信托财产的收益为受益人清偿债务，后因受益人的债权人豁免了债务，信托目的已不能实现，信托因此而终止。

但是本项也有例外。在公益信托的场合，即使信托的目的已经实现或者无法实现，若信托财产还有剩余，信托并不一定终止，而可能根据“最近似原则”继续存在。

四、信托被撤销

(一)信托被委托人的债权人撤销

委托人设立信托损害其债权人利益的，债权人有权申请人民法院解除信托。据此，委托人的债权人提出申请，人民法院依法撤销信托的，已经依法成立的信托关系即行消灭，即信托终止。

(二)信托设立行为被撤销之后的效果

我国《信托法》规定信托撤销会导致信托终止，因此信托被撤销会产生信托终止的后果，可以适用第54～56条的规定，剩余信托财产因此归属委托人等权利归属人，而且为了保护委托人等的利益，使用推定信托制度，在交付信托财产之前让受托人为了委托人等的利益继续管理信托财产。

但是，从法理上考虑，这一规定是有问题的。信托被撤销的原因若是委托人从事了我国《信托法》第12条所规定的欺诈行为，委托人并不值得保护。信托撤销与一般的信托终止法律后果不一样。本项把信托的撤销笼统当作信托终止的原因并不恰当，应做进一步的限定。

五、信托被解除

信托的解除是指信托当事人解除已经依法成立的信托关系，使信托关系归于终止。

(一)委托人解除信托

我国《信托法》第50条规定："委托人是唯一受益人的，委托人或者其继承人可以解除信托。信托文件另有规定的，从其规定。"本条区分信托是自益信托还是他益信托。

第一，在信托为自益信托的场合，此时委托人是唯一受益人，信托的解除只对其自身产生影响，因此如果委托人想取回"自己的财产"，自然他可以这样做。委托人作为唯一受益人，自可解除信托；委托人(受益人)是自然人的，其继承人作为信托受益权的继承人也可以解除信托。由于信托利益全部由委托人享有，委托人或其继承人解除信托，一般不会影响其他第三人的利益。

受托人或许对信托的存续是有利益的，特别是当受托人作为营业接受信托的场合，但是，依然应允许解除。相比于可能会增加受托人负担的信托变更，解除信托的时候是不存在这种问题，因此这一规则具有一定的合理性。若受托人是从事信托业务的信托公司，该公司欲保护其利益，似可在信托文件中约定限制委托人解除信托权利的条款。但是即便如此，因信托关系属信赖关系，委托人仍可解除信托，只是需要对受托人承担违约责任而已。

第二,在信托为他益信托的场合,委托人不是唯一受益人(包括委托人完全不是受益人,也包括委托人为多个受益人之一的情形),委托人单方解除理应受到限制。因委托人与受益人不是同一个人,如果允许委托人任意解除信托,则很可能会发生侵害受益人利益的情形。

按照信托法原理,信托依法成立后,信托财产即处于独立状态。在信托关系存续期间,委托人不能轻易解除信托(也包括变更信托的受益权)。其理由有以下几个方面:①委托人若能任意解散信托,表明委托人对信托保有最终的控制权,破坏信托财产的独立性,无法区分信托财产和委托人个人财产;②委托人可能会利用此达到逃税等非法目的,例如,委托人先将财产转移给受托人设立信托,完成纳税义务后再解除信托,财产归还给委托人,从而逃避税收;③这样会侵害受益人和受托人的合法权益。他益信托的设立事实上起到了向受益人输送利益的结果。受益人因信托的设立取得了合法的财产权,这种权利不得随意剥夺。且不论委托人向受益人输送利益的原因是他们之间存在交易关系的情形(委托人设立信托偿还欠受益人债务),即使是无偿向受益人输送利益的情形,譬如赠与,赠与合同完成之后赠与人也不得随意撤销。在信托存续期间,受益人依法享有受益权,委托人撤销信托或者变更信托受益权将会损害受益人的权益,对受益人是不公平的。而且,受托人如果是有偿的,委托人撤销信托也可能在一定程度上给受托人带来损失。美国法上的传统规则是,委托人解除信托的权利受到极大限制,例如,生前信托的委托人没有默示地解除或者变更信托的权能,除非委托人在信托条款中保留了这样的权能。

但是,在我国信托法起草过程中,不少人强调文化传统和背景的差异,认为如果委托人将财产设立信托后像英美信托法中那样基本上失去对信托财产的任何控制权,不符合东方文化传统和社会公众的心理预期。由此主张,在一定情况下允许委托人解除信托关系,不仅是对委托人意愿的尊重,也有利于让委托人打消顾虑,放心地为受益人的利益或者社会公共利益设立信托;而且,大陆法系国家的信托法通常不像英美那样重视信托的税收问题,对信托特别是私益信托的税收设计,远不如英美法系国家那样严密,因此不担心利用信托解除制度逃避税收,通常允许委托人设立信托后解除信托。基于此,我国《信托法》第51条第2款作出下列规定:①委托人遭受受益人的重大侵权行为侵害时的解除信托。②委托人和受益人合意解除信托。委托人若取得受益人的同意解除信托,自应允许。③委托人在信托文件中约定解除合同的。委托人可以保留解除(撤回)信托的权利。

(二)受益人解除信托的问题

一般而言,受益人是最有动机解除信托的人。那么,如果所有的受益人都同意解除信托,是否允许呢?因委托人通常会对信托的存续有利益,受益人能违背委托人的意愿解除信托吗?

在信托实践中,委托人设立信托的目的十分复杂,在有些情况下,委托人可能希望信托设立后不应解除或者在自己去世后信托继续生效,因此希望受益人或其继承人都不得解除信托,并且在信托文件中作出相应规定在这种情况下,则应当服从信托文件的规定,受益人或其继承人均不得违背信托文件的规定解除信托。

若允许受益人任意解除信托的话,例如,委托人为了将一定的财产赠与某未成年人而设立了信托,期限规定为该未成年人直到成年为止。倘若允许该未成年的受益人可以任意解除信托的话,那么,信托则有被解除的可能。如此一来,委托人设立信托的宗旨、目的就有可能会被扼杀。因此,即使受益人享受全部信托利益,也不应当赋予其单独行使解除信托的权利。受益人不能清偿到期债务的,可将受益权用以清偿债务,而不是解除信托,用信托财产来清偿其债务。但是从解释论的观点出发,受益人享有全部信托利益的,如果不用信托财产,受益人则无法清偿其债务时,则视受益人可以解除信托,不是以受益权进行赔偿,而是用信托财产清偿其债务。我国信托法似乎不允许在他益信托中仅由受益人解除信托。

（三）解除信托的法律后果

解除信托的法律后果是，信托关系自解除之时起终止，信托当事人的权利和义务随之结束。解除的效果如果追溯到信托行为的当初，使其所产生的一切法律关系归于消灭的话，那么就会导致已经实施的信托财产的管理和处分行为是无效的，这样一来，势必引起很多无谓的混乱。因此，解除信托没有溯及力，其效力只能及于将来，不能溯及既往，受益人已经取得的信托利益归受益人享有，不能要求归还信托财产。

（四）信托解除和受托人

考虑到受益人、委托人解除信托可能给受托人造成损失，例如，受托人失去了本来可能获得的报酬，特别是受托人为信托经营机构的情形，日本、韩国信托法都规定，在这种情况下适用民法的一般规定，即委托人解除信托给受托人造成损失的，应当予以赔偿，但有不得已事由的除外。受益人或者委托人行使解除权一般不需要得到受托人的同意。当委托人或者其继承人在对受托人非常不利的时期行使解除权，致使受托人受到损失的，应当赔偿其损失。但存在不得已之事由的情形，不得不解除信托的时候，即使解除信托的时期对受托人不利，委托人或者其继承人也无须承担赔偿损失的责任。如果信托文件规定了在信托存续的一定期间内，受托人可以取得信托报酬的，委托人或者其继承人在中途解除信托时，须对受托人支付整个期间应当支付的报酬。然而因不得已的事由而不得不解除信托时，则无须支付受托人整个期间的报酬。

若因受托人的违反信托行为导致委托人解除信托的，受托人应赔偿委托人因此遭受的损失。

六、英美法上当事人主导的信托终止

当事人主导的终止和变更，即不经过法院的参与，仅由当事人自己来终止和变更信托的情形。

(一)可撤回信托

委托人在设立信托时可以为自己保留信托撤回权。这种撤回权也可以包括变更信托的权利。但是值得注意的是,委托人在可以撤回信托的同时也需要承担一定的成本。在税法上,信托设定之后委托人被视为是所有人;根据统一信托法典,信托财产就成为委托人的债权人的扣押对象。要言之,若设定委托人生前可撤销的信托,信托财产在很多方面仍然被视为是委托人的财产。在统一信托法典中,把可撤回信托作为备用性规则。限于信托条款没有明确规定不可撤回,该信托即可撤回,委托人就享有撤回、变更信托的权限。这和传统的法理是不同的。不过令人惊讶的是,在通过该法案的时候只有一人反对,压倒性的是赞成。

(二)委托人和受益人的合意

即便不是可撤回的信托,若委托人和全部的受益人达成合意,则可以终止或者变更信托。受托人由于并不是享有和信托相关利益的主体,因此在这种情形下一般不得提出异议申请。统一信托法典对此有明确的规定。

(三)仅有受益人的合意——美国法的特异性

在委托人死亡的时候,或者委托人反对信托的终止或变更的时候,仅有受益人的合意能够终止或者变更信托呢?

1.英国法:Saunders与Vautiers规则。在受益人全部是成年的有行为能力的人,他们之间达成终止和变更信托的合意之时,在任何时间都可以终止和变更信托。但是,该规则不适用于受益人中有未成年人、行为能力欠缺的人、未出生的人的场合。在1958年,英国议会制定了信托变更法,根据该法律,法院在综合考虑未成年人、行为能力欠缺的人、未出生的人的利益之后,认为变更符合受益人的利益的时候可同意变更。不过,法律的名字中虽然只包括“变更”,但是一般认为实际上应包括法院有终止的权限。

也就是说,在英国仅仅有受益人的合意就可以终止或者变更信托,加拿大和澳大利亚也制定了类似的法律。在这些国家,信托是为了受益人的制度,什么是对受益人有利的应由受益人自己去判断。

2. 美国法:Claflin与Claflin规则。美国法的情形就大为不同。1889年的Claflin与Claflin案中确立的规则是,仅有受益人的合意是不能终止或变更信托的。本案为遗嘱信托,委托人的儿子是唯一的本金受益人,准备在儿子30岁的时候把信托财产转移给他。在儿子21岁的时候(当时的成年年龄),儿子主张终止信托直接把信托的本金全部转让给自己。但是,法院以其违反委托人的意愿为由不允许终止信托。根据Saunders与Vautiers规则,这一主张具有坚实的理由,但法院拒绝了他的要求,强调说,"遗嘱人有权在处置财产时施加其认为适当且不与法律冲突的限制和约束。这种意愿应该予以尊重,除非这些意愿违反了某些实定法规则或与公共政策相违背。"法院指出:所谓遗嘱,其拘束力只要不违反法律的规定,并且自身是恰当的就应承认其约束力,……因此,立遗嘱人的意思只要不违背实体的法律和公序良俗,就必须得以实现。……对本案的原告(儿子)就信托财产的占有、支配所附加的时间的限制不能说完全没有用处。原因在于,他在使用处于受托人之下的财产的时候的危险性和完全是自己的财产的场合的危险性可能是不同的。

这样,即使具备完全行为能力的受益人全体一致要终止信托,但是如果违反了委托人的实质目的,就无法终止信托。委托人的实质目的具体而言有以下情形:第一,设定了反挥霍信托,禁止受益权转让的场合;第二,Claflin与Claflin案这样的限制在一定年龄之前向受益人转移所有本金的场合;第三,设定了裁量信托的场合;第四,为了抚养受益人而设定的信托。由于几乎所有的现代信托都包含了裁量性规定,多数信托中也包含有标准化的反挥霍条款,因而在现代可以提前终止的信托数量实际上已经很少了。

不过,美国法律出现了新的趋势。美国《信托法第三次重述》和《统一信托法》对实质目的这一要件方面有所突破:第一,仅有挥霍条款不再被推定为存在信托的实质目的;第二,仅仅有裁量规定不足以"确定或推断出阻止受益人全体同意终止信托的实质目的";第三,即使法院认定某信托存在实质目的,法律也要求法院根据新的规则在实质目的与提前终止信托的理由之间进行权衡。如果法院认定终止信托的理由胜过实质目的,可提前终止信托。似可看出,法律正从委托人的主导地位进行回调,进而朝着更加平衡地尊重受益人的权利和意愿的方向发展。

第四节 信托终止的法律后果

一、信托终止后信托财产的归属规则

(一)信托财产的归属规则

信托终止之后,若还有剩余财产,其归属按照以下顺序确定权利归属人:第一,信托文件规定的人;第二,受益人或者其继承人;第三,委托人或者其继承人。

(二)信托财产转移前的信托视为存续——法定信托的成立

在确定信托财产的归属之后,在该信托财产转移给权利归属人的过程中,信托视为存续,权利归属人视为受益人。本条的目的是,在对原信托的剩余财产进行分配完毕之前,受托人的义务包括忠实义务和善管注意义务等并不随原信托的终止而消灭,同时,把保护权利归属人作为受益人予以保护。在英美法上,信托终止之后,在分配剩余财产的过程中,原信托转变为结果信托而存在。为了保护委托人的利益,不能简单地适用合同法的规定进行恢复原状和损害赔偿,应引入和英美法类似的返还信托原理,使原受托人为委托人的利益持有和返还财产。

二、信托终止后对信托财产的强制执行

为了确保信托财产的独立性,原则上不允许对信托财产进行强制执行

的。只有在符合下列情形之一时,才可以强制执行信托财产:设立信托前债权人已对该信托财产享有优先受偿的权利,并依法行使该权利的;受托人处理信托事务所产生的债务,债权人要求清偿的;信托财产本身应当负担的税款以及法律规定的其他情形。例如,对已设立担保权的信托财产,从一开始实施强制执行时起,或者在信托终止后,即便该被抵押的信托财产已经归属于权利归属人,拥有该抵押权的人也可针对受益人或者权利归属人强制执行。同理,在受托人处理信托事务过程中,委托他人修缮作为信托财产的房屋。在对修缮费拥有请求权的债权人,可以修缮费未付为由在强制执行开始时,甚至在信托终止后、作为信托财产的房屋已经归属于权利归属人之后,也可对该权利归属人请求强制执行。因为信托已经终止,这时的权利归属人应是被执行人。

三、信托终止后受托人报酬和补偿权的行使

信托财产本身应负担的税款、受托人在处理信托事务中所支出的费用、对第三人所负债务以及根据信托文件规定受托人可以取得的信托报酬,都应由信托财产承担。对以上的费用以及债务,受托人以自己的固有财产先行垫付的,对信托财产享有优先受偿的权利。受托人为了实现信托报酬给付请求权和对信托财产的补偿请求权,可留置信托财产,或者向权利归属人提出请求。

四、信托的清算

信托一旦终止,信托关系即归于消灭,信托进入清算阶段。信托清算的义务人是受托人,受托人的清算事务主要包括以下几项。

(一)清理信托财产

信托终止后,受托人首先应当清理信托财产。对信托财产的清理,主要包括以下三方面的事务:

1.处置、变现信托财产。该项事务视信托文件的规定而定。如果信托文

件规定，信托终止时，受托人可以以信托财产的原样分配信托财产，则受托人无须变现、处置信托财产；反之，如果信托文件规定，信托终止时，受托人必须以现金形式分配信托财产，则受托人必须对非现金信托财产进行处置、变现，如变卖不动产等实物资产、转让股权资产等权益资产、清收贷款等债权资产，等等。

2. 清偿信托财产的债务。信托财产上承担的债务主要包括三大类：一是信托设立前已对该信托财产享有优先受偿权的债权人依法行使该权利时所发生的债务，如以附担保的财产设立的信托，担保权人对该信托财产行使担保权的，受托人应当以信托财产清偿担保权人的债权；二是受托人处理信托事务所产生的债务，如按照信托文件的规定应当由信托财产承担的受托人报酬、受托人因处理信托事务所支出的费用以及应当由信托财产承担的其他债务；三是应由信托财产承担的费用和税款等。

3. 编制信托财产清册。

（二）分配信托财产

信托终止的，受托人必须把信托财产的权利转移给受益人以及其他权利归属人。也就是说，该财产权属应登记之权利的，自当办理信托移交手续，同时还必须办理原信托登记的注销手续。

（三）受托人履行清算报告书的作成义务

此时，受托人应当就信托事务的处理作出清算报告，并将其提交给受益人或者信托财产的权利归属人，征得他们的认可。受益人或者信托财产的权利归属人对清算报告无异议的，受托人方可就清算报告书所列的事项解除责任。只要受益人或者信托财产的权利归属人认可了受托人在清算报告中所列的事项，则不可在事后以清算报告有误为由追究受托人的责任。但是，受托人如有伪造记载事项内容的或者隐匿事实等不正当的行为时，即使是在受益人或者信托财产的权归属人认可了其所作出的清算报告，其责任也不得解除。

第四章 以财产为中心的信义关系

第一节 受托人的权利

受托人有权因其为信托提供的服务收取报酬，除非他同意无偿为信托服务。报酬数额可以由信托文件规定，也可以由受托人与信托人或受益人之间协商确定。在美国的很多州，受托人的报酬由立法确定，而立法往往规定受托人应该收取“合理的报酬”或者法院认为应该授予的报酬，或者规定一个收费表。法院在确定什么是合理报酬时会考虑受托人的专业技能、信托财产的价值和性质，以及管理信托的结果。受托人可以放弃取得报酬的权利；如果受托人违背信托，法院可以减少或剥夺受托人可以得到的报酬。有共同受托人时，总报酬额根据每个受托人提供服务的多少进行分割。因死亡或辞任而发生受托人变动时，法院可以对离任的受托人及其继任者根据他们的贡献大小来确定他们的报酬数额。

我国《信托法》第35条规定：“受托人有权依照信托文件的约定取得报酬。信托文件未作事先约定的，经信托当事人协商同意，可以作出补充约定；未作事先约定或补充约定的，不得收取报酬。约定的报酬经信托当事人协商同意，可以增减其数额。”可见，我国《信托法》明确承认受托人有权因其为信托提供的服务收取报酬，但是对于受托人是否取得报酬以及报酬数额的大小，我国法律充分尊重当事人的意愿，没有规定一个强制性的标准。第36条进一步规定：“受托人违反信托目的处分信托财产或者因违背管理职责，处理信托事务不当致使信托财产受到损失的，在未恢复信托财产的原状或者未予赔偿前，不得请求给付报酬。”这说明我国法律对受托人取得报酬的权利作出了一定限制，即受托人违背职责造成信托财产遭受损失的，无权取得报酬。

受托人为管理信托取得的报酬、受托人在经营管理信托财产中所发生的正当支出以及受托人在信托财产转让过程中支付的对价（即购买价款）三者应加以区分。

第一，受托人管理信托应根据信托文件的规定，可以取得报酬，也可以不取得报酬。如果取得报酬，既可以从信托财产中支付，也可以从其他来源支付，完全根据信托文件的规定。受托人是否取得报酬与信托的性质没有很大关系。例如，商事信托的受托人一般都取得报酬，而民事信托的受托人也取得报酬，当然有时信托人任命家庭成员管理信托财产，后者可能并不一定要求报酬，但是如果要求报酬也是合法的。

第二，受托人在管理信托过程中发生的正当支出一般都应该从信托财产中支付。我国《信托法》明确规定受托人有优先受偿权，第37条第1款规定：“受托人因处理信托事务所支出的费用，对第三人所负债务，以信托财产承担。受托人以其固有财产先行支付的，对信托财产享有优先受偿的权利。”即如果受托人因处理信托事务而以自己的财产先行垫付，则有从信托财产中优先受偿的权利。这也是英美信托法长久以来就承认的一项受托人权利。

第三，至于受托人是否为取得信托财产支付购买价款，则取决于信托的性质是商事信托还是民事信托，其目的是融资、增值还是仅仅为了保全信托财产的现有价值。如果设立信托的目的是将家族财产分配给子孙后代，家族长必然不会让受托人付钱“购买”这些财产，这是典型的家族信托。如果设立信托的目的是融资，信托人把信托财产交付给受托人的同时，要从受托人处取得融资款作为对价，从表面上来看就是信托人把信托财产“出售”给受托人，这是典型的商事信托。

第二节 受托人的权力

一、概念

受托人的权力并非固有,因为受托人的任务是执行信托人的意愿,而信托人的意愿在每个信托中都不一样。在没有制定法的情况下,受托人的权力只能来自信托文件。然而受托人的权力并不仅限于信托文件中明确授予的权力,某些权力可能是为实现信托目的所必要的默示权力。在适当情形下,英美衡平法院会授予受托人以信托文件中没有明示或默示授予的权力。例如,有信托人不可能知道或预见的情形发生,而死守信托文件的规定可能会严重损害信托目的的实现时,受托人可能被允许偏离信托条款的要求。因此,受托人的权力既包括明示权力,也包括默示权力,其中明示权力既包括信托文件授予的意定权力,也包括制定法授予的法定权力。

如果受托人的权力来自信托文件、法院命令或者制定法,并且语言清楚直接,则受托人的权力是"明示"的。例如,信托文件可能授权受托人出售信托财产并将所得款项用于投资,然后收取信托财产的收益并将其支付给受益人。这些权力就属于受托人的明示权力,因为这些权力的存在不需要援引任何其他文件,也不需要从任何其他文件中加以推断。机构受托人(如信托公司或银行的信托部,在我国或可叫作"营业受托人")经常希望信托文件的起草人把它们所有能够想到的必要或有利的每一项权利都明确授予自己,目的是在紧急情况下能够迅速而有权行事,不必拖延也无须得到法院的授权。

如果受托人的某些权力没有在信托文件中写明,但是这些权力是受托人为执行信托、达到信托目的所必需的,则法院有权将这些权力授予受托人。有时制定法明文规定受托人拥有或不拥有某一特定权力,或者所有的受托人应该拥有或排除拥有某些一般权力,除非信托人有不同意见。然而,某一特定权力没有明确写在信托文件、法院命令或适用的制定法中,这一事实本身并不能证明受托人就一定没有该权力。如果该权力的存在为受托人执行信托目的提供了便利或为必要,则推定信托人有意愿将该权力授予受托人,以便后者可以完成信托人的意愿。这种权力叫作"默示"权力。

二、由制定法授予的权力

英美法国家的立法者意识到信托受托人权力的不确定性,因而试图通过颁布制定法来扩大受托人的权力。即使信托文件中没有明确提到这些权力,信托受托人也可以依法行使这些法定权力,只要信托文件中没有相反规定即可。这些立法通常列出受托人享有的所有法定权力,允许信托人在信托文件中将这些法定权力中的全部或部分援引并入信托文件中。当然,并不需要把长达数页的权力清单照抄到信托文件中,而只要在信托文件中增加这样一个条款即可:受托人权力。除法律或本文件授予受托人的任何其他权力之外,信托人在此授权受托人拥有法在本文件签署之时所授予受托人的所有权力。

但是也有的制定法只是概括地授予受托人宽泛的一般权力,因此信托人在起草信托文件时不需要在信托文件中将这些法定权力包括进去。

美国《统一信托法》以及1964年的《统一受托人权力法》赋予受托人的权力包括一般权力和特别权力,其中一般权力包括三项:第一项是由信托条款授予的权力;第二项是"像一个单身的且有行为能力的财产所有人对其个人财产拥有的权力一样"对信托财产拥有权力;第三项是为实现适当投资、管理和信托财产的分配而行使的任何适当的权力。第一项权力体现了信托当事人的约定优越于制定法,而制定法只在信托文件没有约定时提供默示条款的原则。第二项权力充分反映了受托人对信托财产拥有法律上的所有权。第三项权力则是受托人所拥有的默示权力。这些权力受限于信托文件的条款,并且受托人在行使这些权力时受到受托人义务的制约。

受托人的特别权力非常具体，一般包括：第一，收取信托财产并接受或拒绝接受信托人或其他人对信托追加财产的行为的权力；第二，以现金或凭信用在公共或私人销售中为信托购买财产或出售信托财产的权力；第三，交换、分割信托财产或改变信托财产性质的权力；第四，把信托资金存入受监管的金融服务机构账户的权力；第五，为信托借款（无论是否设置担保利益）以及在信托存续期内或超出信托存续期抵押或质押信托财产的权力；第六，为私营企业、合伙、有限责任公司、商业信托、公司或其他形式的企业的利益，继续经营上述企业，并采取股东、成员或财产所有人可能采取的任何行动，包括合并、解散或以其他形式改变商业组织形式或追加资本的权力；第七，对股票或其他证券行使绝对所有权的权力；第八，对于不动产利益，修建或改变、改进建筑物，拆除已开发的不动产上的建筑物，新建或铲平现存的分隔墙或分割建筑物，分隔或开发土地，捐献私有土地给公众使用或授予公共或私人通行权，编制或废除地区图并调整边界的权力；第九，作为出租人或承租人订立租约的权力；第十，授予出售、租赁或以其他方式处分信托财产的选择权，或者获得购买财产的选择权的权力；第十一，为信托财产购买财产保险以及为受托人、受托人的代理人和受益人针对因管理信托而产生的责任购买责任保险的权力；第十二，放弃或拒绝管理无价值的和价值不足以支付信托管理费用的信托财产的权力；第十三，针对可能违反环境法的责任而采取各种预防措施的权力；第十四，偿付任何请求权或对任何请求权提出异议、由信托提起或针对信托提起的请求达成和解协议，以及放弃全部或部分信托请求权的权力；第十五，支付税款、估价费、受托人以及信托的雇员和代理人报酬以及在管理信托过程中发生的任何其他费用的权力；第十六，从信托财产中发放贷款，包括根据受托人认为在当时情况下公平合理的条款和条件向受益人发放贷款的权力，此时受托人对于将来向该受益人的分配利益持有留置权以偿付该等贷款；第十七，将信托财产质押以为他人向受益人发放的贷款提供担保的权力；第十八，向被法院认定或受托人合理认为无行为能力的受益人分配信托利益的权力，既可以将信托利益直接支付给该受益人,也可以为该受益人的利益而支付给他人;第十九,分配信托财产或分割、终止信托,分配可以分割的和不可分割的利益,将特定财产按比例或不按比例分割,为该等目的对信托财产进行估价,并且对评估后产生的变化进行调整的权力;第二十,通过调解、仲裁或其他非司法争端解决措施解决对信托条款的解释或对信托管理产生的争议的权力;第二十一,关于在任何司法管辖区内为保护信托财产和履行受托人职责的受托人的利益的诉讼、请求权或司法程序起诉或应诉的权力;第二十二,签署并交付完成受托人职责或为行使受托人权利提供便利的合同和其他文件的权力;第二十三,在信托终止时,执行并结束信托管理并将信托财产分配给有权取得的人士的适当的权力等。

我国《信托法》没有列出受托人的明示权力,但是第38条授予受托人有限制的辞任权:"设立信托后,经信托人和受益人同意,受托人可以辞任。"即受托人可以辞去受托人的职责,但条件是须得到信托人和受益人的同意。这种限制是否可行值得斟酌。首先,信托人是基于一种信义关系才选任受托人处理其信托财产,如果这种信义关系不再存在,信托人便可以解任受托人,那么,受托人为什么不可以辞任呢?其次,如果信托人已经死亡,永远不可能对受托人的辞任发表任何意见,这是否意味着受托人只能一直担任该信托的受托人呢?从上述英美法中对受托人的明示权力的规定来看,受托人的辞任权一般是当事人之间意定的受托人权力之一,在我国《信托法》中作出明文规定,事实上是对受托人权力的限制,并且这种限制不是很合理。

三、默示权力

受托人拥有为履行信托条款所必需的以及在信托文件的措辞中所隐含的任何权力。这种权力是受托人的默示权力。例如,信托人将已经开发的不动产留给受托人,命令受托人收取收益并将收益支付给信托人的子女。此时,尽管信托文件中没有写明受托人有权出租不动产,但是人们很容易推断受托人有这种默示的权力,因为出租是从已经开发的不动产中获得收益的一般做法。又如,当信托人指示受托人将信托原物在众多的剩余利益受益人之间分配时,如果信托财产中包含不动产,而将该不动产分割成较小份额将对受益人极端不利,则受托人有权将该不动产出售,并将所得金钱利益分配给受益人。这种权力也是一种典型的默示权力。

然而,受托人的默示权力的范围常常引起争议。根据传统英美法,与受托人交易的第三人有义务询问交易的适当性,即受托人是否有权代表信托进行交易。如果勤勉地询问即能获知某些信息,即便第三人没有询问,第三人也被推定为实际知道这些信息。如果第三人没有询问,且与无权交易的受托人进行了交易,第三人可能与受托人一样对受益人负责。但是美国1964年《统一受托人权力法》和《统一信托法》为了便利信托管理并在转让信托财产中取得高效率而改变了这一传统规则,废除了这种询问与善意义务,规定与受托人进行交易的善意且支付了对价的第三人如果不知道受托人超越授权或不当行使授权进行交易,第三人不负责任;并且“与受托人进行交易的善意第三人没有义务询问受托人的授权范围或者其行使权力是否适当”。这些条款为与受托人交易的第三人提供了非常不寻常的宽泛的保护。我国《信托法》对此没有明确规定。

四、强制性权力与任意性权力

信托人可以指示并授权受托人从事某项特定的信托管理行为,这种权力叫“强制性权力”。信托人还可以授权受托人根据自己的判断来决定是否行使某权力、何时及如何行使某权力,这种权力叫“任意性权力”,也叫“自主裁量权”。如果信托文件授予受托人以强制性权力,则法院可以命令受托人行使该权力;如果受托人没能行使强制性权利,法院会判定他承担责任。然而如果受托人拥有自主裁量权,法院一般不会要求受托人以任何特定的方式行使该权力,也不会撤销受托人在行使其自主裁量权时所作出的决定,除非受托人滥用了自主裁量权。关于自主裁量权的滥用也是一个法律解释的问题。一般而言,即使信托人授权受托人拥有“充分和没有任何控制”的自主裁量权，在受托人行使这种权力时也要接受法院的监督；如果法院发现受托人行使该权力时忽视了信托人的目的，法院会将其撤销。

我国《信托法》没有明确提到受托人的强制性权力与任意性权力，实践中已经出现的信托受托人的权力几乎都是强制性的。我国的信托人在信托设立后仍然掌控对信托财产的投资管理模式，受托人几乎没有自主裁量权，虽然信托人（作为自益信托的受益人）的利益得到了充分保护，然而不利于对信托受托人的培育。总体来说，我国缺乏成熟的专业受托人。

五、共同受托人的权力

在私人信托的情况下，当信托权力被授予两个或两个以上的受托人且信托人没有表示相反意愿时，信托权力通常由受托人共同拥有，所有受托人必须共同一致行使该权力。如果其中一个共同受托人试图行使受托人的权力则无效，除非经过其他共同受托人追认。但是在公益信托的情况下，只要经共同受托人中的多数同意即可行使任何权力。

我国《信托法》对此有类似规定。例如，第31条第2、3款规定："共同受托人应当共同处理信托事务，但信托文件规定对某些具体事务由受托人分别处理的，从其规定。""共同受托人共同处理信托事务，意见不一致时，按信托文件规定处理；信托文件未规定的，由委托人、受益人或者其利害关系人决定。"可见在我国《信托法》中，信托人的地位很高，这与英美信托制度非常不同。英美信托的信托人一旦设立信托，将信托财产交付给受托人之后一般不对信托财产及其管理处分拥有任何权力，除非是生前可撤销信托，且信托人明确保留了撤销或变更信托条款的权力。而受益人一般也只能在受托人违背信托条款行事且对信托财产造成损害的情况下才能要求法院主持正义。如前所述，我国的信托刚刚起步，大多数信托都是短期自益信托，信托人就是受益人，对受托人其实并没有极高的信任，因此处处对受托人进行监控和约束，发生任何情况信托人和受益人都要介入，受托人的权力受到极大限制，这样无形中妨碍了专业受托人的成长发育，致使多数受托人其实不过是代理人的翻版。而专业受托人的不成熟又导致信托管理的低效率,从而形成恶性循环。这也是我国信托制度发展比较缓慢的原因之一。

六、受托人权力的转让

信托人任命受托人时通常要求后者具备特殊技能和知识,而受托人可能并不完全具备这些技能和知识,并且信托人期待某个受托人在没有他人协助的情况下能够亲自履行信托管理的每一个细节也是不现实的,因为受托人的工作负担将非常沉重,以至于没有人愿意接受信托人的委托。但是,信托人与受托人之间是一种信义关系,如果受托人可以完全自由地将信托人授予自己的权力转让给他人,就有可能违背信托人的信任。因此,受托人的权力中哪些部分必须自己来行使,哪些部分可以转让给他人行使是一个重要的问题。

英美法的一般规则是受托人在转让权力时必须符合通常的商业标准,即像一个通常谨慎的商人管理个人财产时的标准。比如,秘书或保管等工作可以转让给他人去做,但是受托人不应将信托的所有工作或主要工作转让给他人,否则就违背了信义义务。如何适用这个标准?例如,当受托人有权出售不动产时,他可以雇佣经纪人去寻找购买者并与潜在的买家谈判,而受托人本人保留确定出售价格以及合同条款的权利。当受托人有权出租已经开发的土地时,他可以雇佣不动产管理公司与潜在的承租方谈判、让承租方在租约上签字并收取租金,但是受托人本人保留确定租金数额和选择承租方的一般标准的权力。至于投资的权力,受托人自己决定买卖条款,但是可以雇佣经纪人寻找买方或卖方根据受托人确定的条款进行交易。持有公司股票的受托人应该在全面考虑股票数量、股东会议将可能讨论的问题的重要性、会议地点以及类似因素之后自己决定在委托投票时附有指示还是不附有指示,或是亲自进行投票。面临法律或税收问题的受托人如果不具有所需要的特殊知识,可以从外部寻求建议。寻求外部帮助是否适当可能取决于受托人是否具备所需要的技能和便利。假定一个公司拥有不动产部和投资部,并拥有相关领域的专家,则该公司受托人转让其权力的自由就比一个个人受托人转让权力的自由小。如果公司受托人让其常规聘用的雇员来为信托工作则不属于权力转让,但是如果公司让非常规雇佣的人来从事信托工作,则从技术上讲就是一种权力转让,有可能违背受托人义务。

第三节 受托人的义务

一、事务性义务

(一)取得受托人资格的义务

在受托人接受财产、开始行使受托人职责之前,英美信托法要求受托人必须完成一些法律规定的、法院要求的或者信托人要求的行为,诸如宣誓将忠诚履行信托,提供履行保证,即第三人同意在受托人违背信托而导致信托遭受损失时负责,或从对信托有管辖权的法院处获得受托人证书等。这个过程叫作受托人"取得资格"程序。英美法国家有很多关于如何取得受托人资格的制定法,信托人可以要求受托人取得资格,但这种要求不可以违反法定要求。如果没有关于受托人取得资格的法定要求,则衡平法院有自主裁量权决定是否要求受托人提供履行保证或从事其他取得受托人资格的行为,斟酌的标准是能够保证有效的信托管理并保护受益人的利益。如果受托人没能依法取得受托人资格,有些地区的制定法把这看作是对信托的拒绝;而有些判例则认为受托人在没有取得资格之前对信托财产没有所有权和处分权;还有些判例判定受托人没能取得资格即意味着受托人违背了信托义务,但是并不阻止受托人拥有信托财产的所有权和权力。无论如何,没有取得受托人资格的行为并不必然导致信托无效,除非信托的成立以任命某一特定受托人为条件。

我国法律对专业受托人的资质有较高要求，但是对普通的私人民事信托的受托人则没有规定，也许因为实践中尚没有出现这种信托。私人民事信托的信托人可以选择有资质的专业受托人管理信托财产，但也可以选择值得信赖的个人或非以信托为业的机构作为他们的受托人。如何规范非专业受托人目前在我国法律上尚属空白。笔者认为，在私人民事信托的情况下，如果信托目的是使私人财产保值增值，不存在向公众发售信托受益权凭证的情况，不涉及公众利益，此时对受托人的资质要求就不必过于严苛，应借鉴英美法国家的做法，允许个人或非专业受托人机构通过一定法定程序，如宣誓、登记，或提供保证等方式取得担任受托人的资格即可，而不需要对他们采取严格的资质管理标准。

（二）控制财产的义务

受托人接受任命并取得受托人资格后，有义务在合理可能的情况下尽快取得信托的有体资产以及代表信托无形资产的书面文件并对其加以控制。他还应该勤勉地使用合理的技能收取权利动产。根据英美法，如果遗嘱执行人、前任受托人或第三人因违背各自的义务而给信托受益人造成损失，则受托人对上述各方的请求权即是权利动产。受托人有义务勤勉地使用合理的技能来收取这些权利动产并将收益归为信托财产。权利动产还可能是在信托成立伊始就作为信托财产一部分的本票、债券或抵押权益。受托人有义务在这些请求权到期后使用一个合理谨慎的债权人的技能，勤勉地来行使这些请求权并收取收益。通常普通法或制定法可能授予受托人针对这些请求权提交仲裁或决定和解的权力。如果因为受托人的耽搁或不作为而造成损失，受托人应承担责任。

控制财产的义务首先要求受托人不能不合理地耽搁对信托财产的收取。当遗嘱信托成立时，受托人应在情况允许的情况下尽快从遗嘱执行人处收取财产。另外，遗嘱信托的受托人对受益人负有检查遗嘱执行人交付的财产并保证其为受托人应该收取的财产的义务。这意味着受托人必须关注遗嘱执行人的行为，并且要求遗嘱执行人对任何违反义务致使信托财产价值减少的行为进行补救。美国法院曾判定某受托人因为没有对遗嘱执行人过多支付继承税的行为提出异议而应对受益人承担责任。一旦取得信托财产,受托人必须像一个谨慎人士一样来控制和保全信托财产。如果信托财产涉及不动产,受托人必须保证建筑物得到修缮并避免盗窃、支付税款以及购买火险等。

另外,当信托人或其承继人或他人对信托的有效性提出异议,而一个合理谨慎的人在同等情况下可能会主张抗辩时,受托人有义务进行抗辩,保护信托和受益人的利益不受影响。但是一般法院不允许受托人对信托的有效性提出异议或者主张其拥有优越于信托人的所有权。

我国目前一般不会出现受托人没有及时控制信托财产的情况,因为信托财产的交付往往取决于信托人。但是今后一旦出现遗嘱信托,受托人及时控制财产的义务就凸显出它的重要性,因为遗嘱信托成立时信托人已经死亡,其遗产可能受他人控制。此时强调受托人控制财产的义务就很必要。

(三)标记财产的义务

受托人有义务将属于信托的财产清楚标记为信托财产,这样就可以禁止受托人从中牟取私利。如果信托财产没有被清楚标记,受托人日后可能将获利的投资作为自己的投资而将失败的投资作为信托财产的投资,从而给信托及其受益人带来损失。另外,标记财产还可以阻止受托人的债权人请求用信托财产来偿付受托人的个人债务。标记义务要求在财产的所有权凭证(如股票凭证和不动产买卖契据等)上明确写明所有者是受托人。美国《统一信托法》提高了这一标准,要求只要可行,信托财产还应显示在信托受益人一方的登记簿里。某些财产,如有体动产,不要求有书面的所有权文件证明其所有权,受托人仍然有标记义务,但是这种标记义务并不一定要求在这些财物上贴上标签以注明其属于信托,只要该财产在财产清单上已经确切地注明其所有权归属,可以起到公示所有权的作用,就算被充分标记了。

英美信托法中受托人的信托财产标记义务与信托登记制度有关。传统信托法,尤其是普通法(判例法)并不要求信托进行登记,因为信托的目的之一是保护当事人的隐私。然而少数英美法系国家或地区却有制定法要求当事人必须或可以进行信托登记,原因就是这些国家和地区认为在发生纠纷时,信托登记可以为证明受托人是否尽到财产标记义务提供重要证据。当然,如果有其他方法可以清楚标记信托财产,信托就不一定登记,除非制定法强行要求信托登记。然而即使在那些要求信托登记的国家里,信托登记也不是信托的生效要件,而只是对抗要件,这与我国《信托法》中的规定不同。

根据传统信托法,仅仅没有标记信托财产本身就是对信托的违反,即使信托财产并没有因此遭受任何损失也在所不论。根据这一规则,受托人应为信托财产没有被适当标记期间遭受的任何损失承担责任,即使损失并非因为疏于标记而是明显由于一般的经济因素造成。现代观点是,违反标记义务的受托人仅仅对由于违反该义务而造成的损失承担责任,对于并非直接由于受托人的过错而造成的损失不负责任。

(四)单独管理财产的义务

受托人不得将信托财产与其固有财产混同,而必须单独管理信托财产。这一义务与财产标记义务密切相连,受托人必须保证以受托人身份持有的财产与受托人本人的固有财产实际分开。我国《信托法》也将单独管理财产作为受托人的一项重要义务,第29条规定:“受托人必须将信托财产与其固有财产分别管理……并将不同信托人的信托财产分别管理……”传统的英美信托法认为只要受托人没有单独管理信托财产而是将信托财产和自己的固有财产混同,即使受托人并没有利用信托财产为自己谋利,或者信托没有因此造成任何损失,受托人也违反了受托人义务。因此,如果信托财产在与受托人个人财产混同期间遭受任何损失,即使损失是一般经济因素造成的,受托人也应该承担责任,理由是与受托人的自有财产相混同的信托财产会更加难以追踪,从而造成受托人的个人债权人对信托财产主张权利的风险。

然而,现代信托法规定,除非财产混同本身给信托造成损失,受托人一般不会为信托财产与个人财产的混同负责。例如,受托人将信托财产与个人财产混同,受托人的债权人在追债时把信托财产也同时扣押以偿付受托人的个人债务，此时信托遭受的损失就是因财产混同造成的，受托人应承担法律责任。我国《信托法》也有类似规定，禁止受托人“将信托财产转为其固有财产”，并要求“受托人将信托财产转为其固有财产的，必须恢复该信托财产的原状；造成信托财产损失的，应当承担赔偿责任”。

英美法一般反对在一个单一投资或者一组投资中将两个或两个以上的信托混同，或者将信托财产和非信托财产混同，因为这样会违反将信托财产单独标记和单独管理的义务，并可能涉及利益冲突和对忠诚义务的违反。然而近年来多样化投资的优越性开始导致法院和立法者允许将两个或两个以上的信托资金混同，或者将信托与非信托资金混同，一起投资于单一投资或者一组投资中，尤其在抵押参与或抵押池、共同信托基金、共同基金或投资信托等情况下。例如，近年来银行和信托公司都普遍购买大笔抵押权益，将其利益置于不同的投资信托中。银行最初可能用自有资金垫付购买价款，然后用信托所累积的收益支付，或者可以将最初的贷款和信托资金结合起来。抵押和本票或债券支付给银行，抵押权益证书由银行签署并置于各种参与信托的投资组合中。银行的财务报表需反映所有时间段内抵押的衡平所有权的确切状态。这种抵押参与与衡平法规定的每个信托的投资必须单独进行的严格规则相抵触。另外，所涉及的不同信托之间也可能会有利益冲突。然而抵押参与的便利非常明显，它提供了一种快速将不同数额的基金进行投资的方式，因为基金可以分成较小的份额来发行。

最初有人反对这种信托投资形式，最终因美国法院认可了这种形式，很多州也通过立法承认了这种抵押参与的有效性。目前美国几乎所有的州都废除了这种禁止混合财产的规定，而允许机构受托人通过共同信托基金的方式来持有信托财产并对其进行投资。美国《统一信托法》也允许为投资目的将数个信托的财产混合在一起。目前美国多数州都有制定法允许受托人单独管理财产的义务有例外，即允许金融机构将数个信托的财产放入一个共同信托基金进行投资。我国目前也已经开展基金和资产证券化交易，如果能利用信托进行这些交易，就无法避免会产生将数个信托人的资金集合起来进行投资的情况。因此,在这些交易中如何判断受托人是否违背了单独管理财产的义务将会成为新的问题。

(五)单独记账并向受益人报账的义务

受益人是信托财产的衡平利益的所有人,受托人只能为了保证信托财产的安全并按照信托文件规定的方式为受益人的利益取得收益。信托人设立信托从而授权受益人间接享受财产权益并没有默示可以不让受益人知道信托、了解信托财产的性质及管理细节。因此,受托人有义务应受益人的要求,在合理的时间内向后者提供有关信托财产的性质和数额等完整而确切的信息,以便受益人可以检查信托的标的物、账目以及其他与信托相关的文件。如果信托为数个受益人的利益设立,每个受益人都有权获知有关信托的信息。即使信托条款可能对受托人向受益人提供信息有限制,受益人也总是有权获得该信息以便实现其根据信托而拥有的权利,或阻止、补救对信托的违反。因此,受托人有义务保存并提供与信托事务有关的清晰而准确的单独的账目,并有义务向受益人汇报有关信托管理的情况。如果受托人没有这个义务,受益人则无法得知受托人是否正在履行受托人义务。因此,受托人的最低义务是应受益人要求,向其提供可以使受益人实现他们在信托项下的权利,或可以阻止或补救对信托的违反的合理必要的信息。

单独记账并向受益人报账的义务包括两部分内容。首先,受托人有义务保留所有的信托文件、各种开销的收据和凭证以备向法院和受益人证明其管理信托的确切情况。没有履行该义务可能会让法院在解决疑问时作出不利于受托人的判决。我国《信托法》第29条规定:“受托人必须将信托财产与其固有财产分别管理、分别记账,并将不同委托人的信托财产分别管理,分别记账。”同时,第33条规定:“受托人必须保存处理信托事务的完整记录。”这正是对受托人单独记账以及保留所有的收据、凭证义务的明确规定。其次,受托人有义务在受益人提出要求时向其提供有关信托及其执行情况的信息,以及受托人知道或应该知道的、对受益人可能很重要的事实。受托人还有义务允许受益人检查信托记录、文件、证券和其他信托财产。当制定法有要求或法院发布命令时,受托人有义务递交一份正式的书面报告或会计报告。任何与信托管理有财产利益的人都可以通过起诉要求得到该会计报告,受托人也可以自动向法院或受益人提交该报告。

美国很多州曾经一度要求受托人每年需要向法院汇报信托的执行情况。现在,大部分法院只要求受托人定期向受益人汇报其从事的有关信托财产的行为,而无须再向法院汇报。另外,在受托人接受信托后30天内,应书面通知现时权益受益人(如果可能,还应通知可能持有未来权益的受益人的一个或多个代表)有关信托登记的法院及受托人的姓名和地址。应合理要求,受托人有义务向受益人提供一份描述或影响后者利益的信托文件副本,以及关于信托财产的信息和与信托管理有关的具体事项。应合理要求,受托人还应每年以及在信托终止时或受托人更换时向受益人提供一份账目说明。

美国《统一信托法》的要求稍有不同。第813(b)节要求受托人向任何一个提出要求的受益人提供信托文件副本,而无须请求,就有义务向"合格的受益人"提供某些其他信息,诸如受托人的姓名、地址和电话号码;受托人已经接受任命担任受托人的事实;受托人报酬的任何变化等。"合格的受益人"不包括持有剩余利益的受益人,后者大部分时候是信托人。第813(c)节要求受托人至少每年一次向所有有权获得信托财产的收益或原物的受益人提供一份报告,详细汇报信托财产、责任、收入和开销等。该报告并不需要采用正式形式或按照特定的格式,关键是报告是否向受益人提供了足以保护其利益的信息。

我国《信托法》第33条则要求受托人"每年定期将信托财产的管理运用、处分及收支情况,报告委托人和受益人"。即在我国,无须经要求,受托人就应当定期汇报信托财产的管理运用;且汇报的对象不仅包括受益人,还包括信托人。这里再次表明我国《信托法》对信托人的重视,如前所述,其中一个原因是我国信托的信托人大多就是受益人,二者为一体。

二、管理性义务

(一)注意义务

信托人与受托人之间存在信义关系,受托人在处理信托事务时必须尽到注意义务。英美普通法中注意义务的标准经历了很大变化。以前注意义务的标准是受托人在处理信托财产时必须像一个谨慎人士处理自己的财产一样,如美国《信托法第二次重述》就沿用了这一标准,而新的标准要求受托人在处理信托财产时必须像一个谨慎人士处理"他人"财产时一样。这个新的注意义务标准可以这样陈述:"除非信托条款另有规定,受托人在处理信托事务时应遵守谨慎人士处理他人财产时所应遵守的标准。如果受托人具备特殊的专业技能或者基于其特殊专业技能而被任命为受托人,则受托人有义务使用该等专业技能。"

美国《统一遗产继承法》采纳了新的标准,其立法评论提到这种改变是为了明确受托人必须遵守一个客观的而非主观个人的注意标准。但是美国《统一信托法》提出了不同的标准,它采纳了《统一谨慎投资人法》第 2 节和《信托法第三次重述》第 227 节的提法,即要求受托人应考虑其所管理的特定信托的特点,而不是让所有的受托人都适用同一个谨慎标准。其中《统一信托法》第 804 节规定:"受托人应像一个谨慎人士一样,在考虑信托的目的、条款、分配要求和其他情形的基础上,管理信托。为达到该标准,受托人应行使合理的注意、专业技能和谨慎。"第 806 节具体描述了受托人的专业技能:"拥有特殊专业技能或基于受托人表示其拥有特殊专业技能而被任命为受托人者应使用该等特殊专业技能。"

受托人的注意标准要求受托人的行为应符合客观的谨慎标准,仅仅尽最大努力是不够的。另外,为了履行注意和谨慎义务,受托人只是保全信托财产也不行,而必须做更多。隐含在谨慎概念背后的是监控信托财产并定期对其作出判断的义务。另外,一般注意义务还隐含了对与日常信托财产管理相关或者与信托财产分配决定有关的信息应作出合理咨询的义务。

(二)谨慎投资义务

信托的主要目的是为人们提供财产管理设计,受托人最重要的义务是选择并监控信托投资。一般来说,信托人指示受托人收取并分配信托财产收益,因此,无论通过明示还是默示授权,受托人都有义务在合理可能的情况下尽快将信托财产投资于产生收益的项目中。

在接受受托人职位时,受托人即有义务检查作为原始信托资产的投资并判断这些投资是否根据信托文件、适用的法律或普通法适合保留,不能仅仅假定这些投资合法。在管理信托期间,受托人有义务定期不断审查和复核信托的投资,来确定这些投资是否适合保留或者应该出售。如果在信托开始时或在信托成立以后,信托财产的投资根据信托文件或州法律变成不被允许的投资,则受托人有义务在合理的情况下尽快将其出售并将收益再投资。

受托人的投资义务受以下因素制约:第一,信托人在信托文件中明确表达的指令或授权;第二,法院的命令;第三,受益人要求、同意或默许投资的行为;第四,制定法的规定。在作出投资决定时,只要受托人遵守信托人的指令或授权即可以得到保护,除非有清楚的证据证明该行为是有害的。如果信托人给受托人下达了投资指令,受托人就有义务在作出投资决定时使用合理的技能和判断力。

在作出投资决定时,受托人有一般的谨慎行事义务。但是“谨慎投资”的内涵在今天已经比数百年前有了巨大变化。

早期英国衡平法规定了几种受托人可以从事的投资,但是慢慢出现了一个法定目录来管理受托人的投资。1719年英国国会授权受托人投资于南海公司的股份。次年南海泡沫破裂,每股下跌90%,破坏了整个18世纪人们对股份公司及其股票的信心,因此英国的衡平法院和国会先后就信托受托人的谨慎投资义务制定了一个推定为适当的“法定投资目录”,即只要受托人投资于该目录上列举的投资项目,则推定受托人尽到了谨慎投资的义务;如果受托人将信托财产投资于目录之外的任何投资项目中,除非得到信托文件的授权,否则均为违反了谨慎投资义务。当时目录中的投资项目主要包括政府债券和第一次抵押贷款。直到19世纪晚期,英国仍然禁止信托投资于私人公司证券。当时主流的信托法理论认为信托投资的主要原则是保全信托原物,即保证信托财产的安全。

受托人的谨慎投资义务理论在美国也经历了一个类似的发展过程。1830年,美国第一个关于受托人谨慎投资义务的案例将该义务的标准定位于“谨慎人士标准”。该标准的经典陈述是:“有权进行投资的受托人的所有义务是他应当忠诚行事并且作出合理判断和决定。他应当像一个谨慎、有判断能力、有头脑的人士管理自己的事务一样,基于对其财产的永久处分而非基于猜测,同时考虑到可能的收益以及用于投资的资金的安全。”在出现类似案件的19世纪中期,多数受托人是个人,只拥有有限的资产,一旦错误的信托投资决定导致损失,他们无法赔偿。模糊的“谨慎人士”标准无疑导致许多人担心对这些损失承担责任而不愿担任受托人。为了解决这个问题,美国的许多州也先后颁布了法定投资目录。早期的法定投资目录只包括非常有限的几种投资形式,如不动产的第一次抵押贷款和美国政府债券。19世纪晚期公司成为一种常见的商业组织形式,这时有些州将某些大型、财力雄厚的公司债券等加入法定投资目录中,但是通常来说,普通股股票仍然被认为对于信托投资来说风险太大。

为了应对20世纪30年代的大萧条,美国1940年左右关于“谨慎投资”的界定发生了变化。许多州颁布法律重述了一般谨慎标准,要求受托人选择将会为现时受益人产生稳定收益并为未来受益人保全信托财产原物的投资。受托人的投资不能为了投机——为了增加原物的价值而将原物置于风险之中。事实上,除非信托人指示受托人将原物价值增值,否则受托人没有义务主动这样做。如果受托人遵守法定投资目录,就能得到保护。如果该目录是许可性的,则受托人可以投资该目录之外的证券,只要他能证明自己已经尽到合理注意并适当运用了自己的技能。如果该目录是强制性的,则超出目录之外的投资即违背信托,无论他尽到如何多的注意和判断义务。

总之在18、19世纪,信托受托人有义务进行安全投资。在法官和立法者心中,长期固定回报的投资诸如抵押贷款和债券等属于安全投资。当时资本市场不够发达,通货膨胀相对较小。后来经济条件发生了巨大变化,英美信托法针对这些变化进行调整,但是动作很缓慢。英国允许受托人投资的法定投资目录直到1961年才纳入股票。美国的多数州在美国银行家协会的压力之下于1940年颁布了《谨慎人士投资示范法》,其他州也通过单独立法或法院判例的形式确立了类似的规则,废除了法定投资目录和禁止受托人将信托财产投资于公司股票的规定,但是仍然禁止受托人将信托财产投资于为投机目的而进行的交易,并且要求受托人充分考虑信托财产的投资收益与安全。

20世纪80年代,谨慎投资义务的内涵又扩大了,除了谨慎判断每项投资,受托人还有义务"分散"投资,即受托人不可以将绝大部分信托财产投资于单一的一种资产。分散投资的目的是减少单一的大额投资失败而带来的损失会将所有信托财产吞噬的可能性。正如古老的谚语所云:"不要把所有的鸡蛋放进同一只篮子里。"对某种特定资产的投资也许是谨慎投资,但是将信托财产的大部分投资于该种资产从初始就违反了分散投资的义务。1992年,美国法学会出版了《信托法第三次重述》,将现代组合投资理论与受托人义务结合起来,其中第227节表述的受托人谨慎投资义务的一般原则是"受托人对受益人负有如一个谨慎的投资人一样,根据信托的目的、条款、分配要求及其他情况对信托财产进行投资和管理的义务"。该标准要求受托人将信托财产进行分散投资,在行使合理注意、专业技能和谨慎义务时并非孤立地针对每一项投资,而是在信托投资组合的情况下将其作为整体投资策略的一部分,并结合对信托而言是合理适当的风险和回报目标来看;同时还要求受托人必须尽到基本的忠诚义务和公平对待义务,谨慎决定是否以及如何授权他人代为执行信托的部分事务并谨慎选择和监督代理人,以及只收取数额合理并且对于投资责任适当的费用。

1994年,美国国家统一州法律委员会出版了《统一谨慎投资人法》。该法第2节规定的信托受托人的注意标准和谨慎投资标准与信托法重述类似，并进一步列出受托人在投资和管理信托财产时应考虑的因素，如受托人在投资之前作出的调查程度、评级和专家意见、投资与特定信托的需要之间的协调、多样化投资、通货膨胀影响，以及对受益人的税收影响等。该法第3小节还明确要求受托人应对信托财产进行分散投资以降低风险。目前，《统一谨慎投资人法》已经被美国大约四分之三的州以及哥伦比亚特区所采纳。其他州则采纳了《信托法第三次重述》中的表述。美国《统一信托法》在其评论中声明关于受托人的权利和义务的条款符合《统一谨慎投资人法》的规定。

总之，在没有法定投资目录的情况下，受托人应当尽到一个合理谨慎的投资人的注意义务和运用相应技能来持有、购买和出售信托财产。在适用该标准时，受托人应该在收益受益人和最终获得信托原物的受益人之间保持平衡：一方面，投资应该能够获得稳定的收益；另一方面，所投资金的安全必须有合理保障。当然，上述标准都不是强制性的，因为信托人可以改变适用的法律，因此，律师和机构受托人将多数信托文件都设计成允许进行各种投资。现代信托法只是在信托文件中没有明确受托人的投资权限的情况下才要求适用传统的标准。

（三）忠诚义务

受托人对受益人还负有忠诚义务，即受托人有义务只为受益人的利益处理信托事务而不能为本人或任何第三人谋取便利。忠诚义务又叫作禁止自我交易的义务，禁止受托人利用自己的受托人地位以任何方式从中获取个人利益。该义务包括：受托人不能为自己的利益按非公平市场价格从事信托财产的买卖；受托人在为信托利益而非个人利益行事时要用尽所有的商业机会和所有与商业有关的知识。

忠诚义务可能是所有受托人义务中被执行得最为严格的义务。根据普通法，凡是受托人通过自我交易达成的任何交易都属效力待定交易，即使交易条款公平，受益人也可以决定其无效。这一规则称为“无须再问规则”，基于卡多佐法官在曼哈德诉萨尔蒙一案中形成的政策与道德的基本原则,即许多在日常生活中允许的行为对受托人来说却是禁止的。受托人的行为标准远较市场道德严格,这种严格的标准不应在任何判决中降低。在确定什么是自我交易(从而适用"无须再问"规则)时,法院必须衡量允许受托人从事该行为的危险性是否巨大以至于该行为完全不应该被允许,还是如果合理的话可以允许该行为。

受托人可能从事两种形式的自我交易:第一种是受托人为自己的利益购买和出售信托财产,第二种是受托人向关系密切的个人或向受托人持有实质性利益的公司或其他实体出售信托财产或用信托资金购买财产。第一种情况涉及受托人利用其受托人地位获得机会,第二种情况则涉及利益冲突。受托人不能在私人或司法销售中以个人名义购买信托财产,或者作为受托人将信托财产出售给自己,或者为自己购买针对信托财产的请求权——诸如抵押权或正在清算的信托受益人的利益等。受托人也不能将个人财产出售给信托作为投资,公司受托人不能为信托持有或购买自己公司的股票。当一个信托的财产出售给另一个信托而两个信托的受托人为同一人时涉及利益冲突,除非受托人能够证明该交易对两个信托都是公平交易,否则就违背了忠诚义务。如果受托人从事自我交易,善意和公平无法减轻受托人的责任。受益人可以要求受托人将交易中得到的所有利润交出。如果受托人已经购买了信托财产,可以迫使受托人将财产归还给信托;如果受托人已经将自己的财产出售给信托,可以迫使受托人归还购买价款并将财产取回。受托人的唯一抗辩是这种自我交易经过信托人的授权,或者受益人在经充分披露后同意这种自我交易。即便如此,交易也必须公平合理。

美国《统一信托法》在涉及利益冲突时确立了相应的推定规则,即如果交易涉及受托人以受托人的名义与某些有密切关系的个人和实体——包括受托人的配偶——持有利益,而该利益可能影响受托人对公司之间交易的最佳判断,则该交易被推定为自我交易。美国《统一信托法》保留了"无须再问"规则,然而信托人可以在信托文件中明确废除某些包括忠诚义务在内的义务，受益人也可以对受托人违背忠诚义务进行的交易进行追认。在没有信托人废除忠诚义务或者没有得到受益人追认的交易中，受托人如果被发现违背了忠诚义务，则不仅要对该交易对信托造成的损失负责，还必须将受托人在交易中获得的所有利益退还给信托。

受托人除了可能针对信托财产从事自我交易或其他涉及利益冲突的交易外，还可能与受益人针对其信托利益达成交易。此时受托人对该受益人负有最高的忠诚义务，通常必须向受益人披露所有受益人所不知道的相关事实、关于受益人的法律权利以及交易后果的陈述；在非赠与的情况下还必须支付充分的对价。另外，受托人还有义务建议受益人聘请律师对于交易是否明智提供独立的法律意见。该原则事实上适用于所有的广义受托人。

英美法法院强制执行忠诚义务的主要目的在于阻止受托人介入利益冲突从而改善信托管理，次要目的才是防止特定受益人蒙受损失或避免受托人不当得利。如果受托人从事了不忠诚的交易，受益人可以要求撤销交易，返还信托财产，或得到其他适当的救济，而不考虑受托人是否有恶意。衡平法对受托人违反信托还提供了一种救济方法，叫信托追踪规则。如果受托人错误地处置了信托财产，用所得金钱购买了其他财产，受益人有权对新购买的财产持有推定信托利益，将其视为信托财产的一部分。即使在信托财产最终转移到第三人手中时该规则也适用，除非该第三人是善意买受人，支付了对价并且不知道违背信托的情况。严重违反信义义务的受托人还可能被要求"惩罚性赔偿"。惩罚性赔偿的数额与信托的损失之间没有关系，惩罚性赔偿的目的是惩罚受托人的不当行为。

受托人的忠诚义务也在我国《信托法》中有明确体现。我国《信托法》第26条规定："受托人除依照本法规定取得报酬外，不得利用信托财产为自己谋取利益。受托人违反前款规定，利用信托财产为自己谋取利益的，所得利益归入信托财产。"第28条规定："受托人不得将其固有财产与信托财产进行交易或者将不同信托人的信托财产进行相互交易，但信托文件另有规定或者经信托人或者受益人同意，并以公平的市场价格进行交易的除外。受托人违反前款规定，造成信托财产损失的，应当承担赔偿责任。”

(四)公平义务

受托人对收益受益人负有注意义务，不仅要保全信托财产而且要使信托财产产生收益，使收益受益人可以得到合理的收益。受托人同时对剩余利益受益人也负有合理注意义务，需要保全信托财产，包括保护信托财产的购买力。二者之间有个平衡问题。在严重通货膨胀或其他困难的市场条件下，更加要求受托人必须对信托收益受益人和信托剩余财产受益人公平对待。在管理信托财产时，受托人必须既让信托财产原物产生合理收益，同时还必须为剩余财产受益人保全信托财产原物的价值。这种义务通常叫作“公平对待义务”或“公平义务”。它不仅要求受托人公平对待持有同样利益的受益人(如两个收益受益人)，还禁止受托人偏向一类受益人(如收益受益人)从而对另一类受益人(比如，剩余利益受益人)不利。

公平义务要求受托人必须以特定方式出售资产并分配收益。如果信托财产是只能产生低收益(即产生的收益低于合理回报)的财产，如未经开发的土地，受托人必须将该财产出售并购买可以产生高回报的财产，此时受托人必须在合理时间内将财产出售。如因任何原因延误出售，受托人必须将出售所得价款中的一部分归入信托财产的收益中。受托人也可以通过其他方式提高对收益受益人的分配，如在信托文件允许的情况下自主裁量决定对收益受益人分配信托财产原物。如果信托财产是可以产生高收益的财产，或者是递耗资产(即随着时间推移可能被消耗掉的资产，如树木和采矿权等)，受托人也必须出售该财产，用出售所得购买其他财产，目的是保证为剩余利益受益人保留信托原物；受托人也可以将该财产的一部分收益归入信托财产原物中。

然而，信托人并不一定都希望对所有的受益人一视同仁，有时很可能希望偏向某一个或某一类受益人。为了满足信托人的这种愿望，公平义务可以免除。美国《统一信托法》第803节规定，公平义务并不意味着受托人必须对所有的受益人平等对待；受托人必须根据信托的目的和条款平衡地对待受益人。例如，信托人设立信托，将信托收益用于自己的子女，在自己的子女死后留给自己的孙子女。然而信托人内心可能更希望自己的财产用于子女的抚养和教育，而不一定希望把财产留给自己的孙子女。因此，在信托文件中，信托人可以授权受托人行使自主裁量权来向他的子女分配信托财产。信托人如果有这样的愿望，必须在信托文件中清楚写明，否则受托人可能因担心违反公平义务而很难确定是否应该行使自主裁量权。

受托人的公平义务有时会与受托人的谨慎投资义务发生冲突，公平义务经常会影响受托人履行谨慎投资义务的能力。假设受托人把信托财产原物投资于国债以保证收益受益人能够得到稳定的收入，然而，债券是固定收益类投资，信托原物没有机会增值。将信托财产投资于债券对收益受益人更有利，而对信托原物受益人却不利。假设受托人投资于普通股股票，由于普通股股票的收益不固定，有可能对信托收益受益人暂时不利，而对剩余利益受益人更有利。可见，受托人易处在两难的境地。受托人的不同义务之间的平衡受信托的目的、条款、分配要求和其他情况的影响，并以对所有受益人公平的方式来达成。

我国目前已有的信托多为短期自益性信托，信托人即是受益人，不存在不同类型受益人公平对待的问题。我国法律对于受托人的公平义务还没有规定。学者以及实务界人士对这个问题也还没有重视。不过随着我国信托制度的不断发展，相信会出现不同类型的受益人希望得到受托人公平对待的问题，因此目前我国《信托法》相关规定的缺失需要尽快填补。

三、不得转让受托人义务的义务

传统上受托人只能向他人转让“事务性义务”，即不需要裁量判断就能履行的义务。受托人不得转让任何需要自主裁量的义务。原因是受托人通常因具备在管理信托财产过程中进行合理的商业判断的能力而被选任并收取报酬。传统的规则是受托人可以向他人寻求建议，但是在决定采纳别人的建议之前必须对别人的建议是否合理作出独立的判断。因此，有法院认为把决定投资的权力授权给信托人任命的候补受托人的受托人违背了受托人义务,即使受托人这样做的原因是本人缺乏管理信托财产的能力。

受托人在处理信托财产时,有义务按照一个谨慎人士在处理他人财产时的标准来行事。如果受托人违背了这个义务,对于任何因之导致的信托财产的损失应负个人责任。当受托人将其合理预见到需要个人亲自履行的责任转让给他人时,就违背了谨慎人士标准。

然而,禁止转让受托人义务原则是在社会经济发展较简单的时期产生并发展起来的。如今,即使最合格的受托人,也不可能掌握管理大额证券投资组合或者复杂的商业不动产份额所有必要的经济、政治和商业信息。事实上,已经有判例指出,当需要专家作出充分判断时,如果受托人没有授权让专家来作出决定,也是对受托人义务的违背。美国《信托法第三次重述》第171节承认了这一改变,规定受托人必须亲自履行受托人职责,“除非一个谨慎人士会将某些职责授权给他人代理”。受托人在决定是否将管理信托的某些职责授权给他人,以及以何形式、何时、给何人、如何对代理人进行监督等问题时,受托人对受益人负有行使受托人的自主裁量权并以谨慎人士在类似情形中的行事方式行事的义务。该节的评论为:“授权代理不再限于事务性义务的履行。在适当的情况下,某些自主裁量的行为、信托投资的选择或者特殊投资的管理,以及其他涉及重要判断的管理行为也可以授权他人代理。”这些规定要求受托人在选择代理人以获得代理人的专业投资或其他技能时必须使用专业技能,尽到注意和谨慎的义务。当然受托人必须定期检查代理人对于授权的执行情况。

我国《信托法》第30条也规定“受托人应当自己处理信托事务”,但进一步规定,如果“信托文件另有规定或者有不得已事由”,则受托人可以委托他人代为处理,不过“受托人依法将信托事务委托他人代理的,应当对他人处理信托事务的行为承担责任”。然而,我国《信托法》没有对哪些信托事务可以委托他人代为处理进行界定。

四、多数受托人问题

如果一个私益信托有两个或两个以上受托人，除非信托文件有相反规定，否则所有受托人必须统一行事，其中任何一个受托人都无权单独转让或处理信托财产。但是美国许多州的立法规定，如果有三个或三个以上受托人时，多数受托人可以作出决定。

美国《信托法第三次重述》第102节总结了共同受托人之间的责任分担和补偿问题。一般原则是：如果两个及两个以上共同受托人违反信托，所有共同受托人对受益人承担连带责任，任何一人都有权要求另一人根据各自的过错大小分担责任。如果其中一人因违反信托而取得个人利益，在该利益范围内无权要求其他受托人分担责任。但是对于这个一般原则有个例外，即违反信托的受托人如系恶意，则无权要求共同受托人分担责任或者支付补偿，除非后者同样系恶意行事。

我国《信托法》第31条规定了多数（共同）受托人处理信托事务的权利问题，第32条则规定了共同受托人的义务问题：“共同受托人处理信托事务对第三人所负债务，应当承担连带清偿责任。第三人对共同受托人之一所作的意思表示，对其他受托人同样有效。共同受托人之一违反信托目的处分信托财产或者因违背管理职责、处理信托事务不当致使信托财产受到损失的，其他受托人应当承担连带赔偿责任。”显然，在承担连带赔偿责任后，共同受托人也有权要求违背信托的其他共同受托人分担责任，或从违背信托的其他共同受托人处得到补偿。

五、受托人义务的免除

根据英美法，信托人可以在信托文件中增加一个免责条款来减轻受托人的义务。然而，如果其结果是允许受托人恶意行事，或者可能对受益人的利益极其漠视，则这些免责条款无效。

英美法国家的法院一般不太喜欢这种免除受托人义务的免责条款，因此对这些条款进行严格解释以限制其后果。近年来，很多机构受托人也开始意识到这类条款在公众关系与道德方面不受人欢迎，因此不鼓励在信托文件中使用这种条款。

第四节 受托人的责任与受益人的救济

一、合同责任

在管理信托财产时，受托人可能会与他人签订与信托财产有关的合同。传统普通法对受托人在管理信托财产期间签订的合同所负的合同责任非常严格，除非合同另有规定，否则受托人应承担个人责任。如果受托人违反合同，另一方当事人可以获得针对受托人的胜诉判决，并从其个人财产而非信托财产中得到偿付，即使该交易由信托文件授权，受托人以受托人的身份签订该合同，合同相对人知道信托并且知道受托人是为了信托的利益订立合同。合同是受托人以受托人身份订立这一事实通常并不足以解除受托人的个人责任。例如，受托人被授权为信托购买不动产，以受托人的身份签订了土地购买合同，此时卖方可以起诉受托人个人，要求其实际履行合同。

为了避免这种严格的普通法责任，受托人可以在合同中增加一个免责条款来明确免除自己的个人责任。受托人仅仅在合同中或在合同最后签名处描述自己是以受托人的身份订立合同通常不能证明另一方同意免除受托人的个人责任。

如果受托人订立合同的行为本身合法并符合信托文件的要求，在受托人承担责任之后可以针对信托财产行使“补偿请求权”。在授权范围内谨慎行事，订立合同的受托人有权从信托财产中偿付其承担的个人责任。受托人可以通过以下方式主张其补偿请求权：①以信托财产支付给合同的债权人；②如果受托人已经以个人财产支付给合同的债权人，则有权从信托财产里报销;③如果受托人在普通法法院基于以受托人身份订立的信托合同而被诉承担个人责任,则可以向衡平法院起诉,要求法院在裁决中明确其责任是作为受托人的责任而非个人责任;④对于从个人财产中为履行合同义务而支付的数额要求偿付;或者直到他为履行该合同而从自己个人财产里支付的费用得到偿付之前,留置所占有的信托财产。然而,如果信托财产不足以补偿受托人,则受托人仍然有义务履行合同,只能自己承担损失。

合同的债权人也可以选择针对信托(即受托人的代表身份)起诉,而非针对受托人个人身份起诉,这样就可以直接从信托财产中获得偿付。如果订立合同的行为本身适当、合法且符合信托文件的要求,合同中有免除受托人个人责任的条款,并且合同明确写明债权人可以从信托财产中得到偿付时,则债权人可以直接起诉信托。有时即使受托人没有在合同中写明债权人可以从信托财产中收取价款,但是受托人有权因该请求权而从信托财产中得到偿付,并且如果债权人从受托人本人处获得偿付的可能性很小或者几乎不可能时,债权人也可以起诉信托。如果合同的订立并非适当,然而合同的履行已经提高了信托财产的价值,债权人也有权直接起诉信托。

传统的普通法对合同债权人极为不便,对受托人也不公平。合同债权人必须首先起诉受托人个人,要求受托人以个人财产偿付胜诉判决,受托人以个人财产偿付债权人后才可以从信托财产中获得补偿。如果受托人的财产不足以偿付债权人,债权人可以起诉信托以要求强制实施自己的偿付请求权。这种传统的规则被许多人批评为对债权人强加了许多负担。在受托人没有个人过错且信托财产不足以补偿自己的损失时,这种传统规则对受托人也不公平。因此美国许多州颁布法律对传统的规则进行了修正,允许合同债权人可以直接针对受托人的代表身份提起诉讼。

经过努力,美国《统一遗产继承法》改变了传统的责任规则,授权债权人可以起诉受托人的代表身份,允许受托人对其管理信托财产过程中在没有过错的情况下以受托人身份适当订立的合同不承担个人责任,除非受托人没有披露其受托人身份以及没有在合同中注明信托财产。更重要的是,新规则允许基于以受托人身份订立的合同而产生的债权请求权可以通过起诉信托并从信托财产中获得偿付，无论受托人是否应该承担个人责任。而信托财产和受托人个人之间的责任问题可以通过会计清算程序、补偿请求权程序或其他适当的程序来确定。

我国《信托法》第37条第2款规定："受托人违背管理职责或者处理信托事务不当对第三人所负债务或者自己所受到的损失，以其固有财产承担。"显然，这里同时包含了合同责任和侵权责任，其中"自己所受到的损失"可以理解为包括第三人对受托人侵权，或者受托人因对第三人侵权而产生赔偿责任从而自己"受到损失"。从中可以推定，我国《信托法》允许受托人在没有违背信托的情况下可以信托财产支付债权人而不必承担个人责任。但是在信托财产不足以支付债权人时，受托人是否应承担个人责任，我国《信托法》没有规定。

二、侵权责任

在使用和管理信托财产过程中因受托人或其他人的侵权行为而产生的侵权责任传统上也受类似规则的管辖，即受托人要为其对信托财产造成的侵权行为，如同财产的绝对所有人一样承担个人责任。如果受托人被认定为应负侵权责任，但是个人并没有过错，则受托人有权从信托财产中得到补偿。正如合同责任，如果信托财产不足以补偿受托人，受托人须自己承担损失。因此，为了避免这种损失，受托人应为本人或雇员发生的侵权责任购买保险。

私人信托的受托人对于本人作为受托人在执行职务时发生的侵权行为负有个人责任。也有一些判例允许受到损害者起诉受托人的代表身份。而传统上公益信托的受托人承担的侵权责任受到限制，除非他们个人有过错，否则不需要承担个人责任，并且不需要为他们的代理人或其他雇佣的人的侵权行为负责。然而近年来这种公益信托受托人的责任豁免开始逐渐废除，趋向于与私人信托的受托人的责任一致。

如果受托人为其在信托管理过程中的侵权行为承担了个人责任，在某些情况下有权从信托财产中得到补偿。如果受托人个人对被诉的侵权行为没有过错，则可以从信托财产中补偿已经为此承担的责任。即使受托人个人有过错，如果从事某特定行为时产生侵权系属正常，而受托人尽到了注意义务，则受托人也可以从信托财产中获得补偿。法律承认在从事信托业务时不可避免会发生某些侵权事故。例如，一个经营报纸的信托受托人或其雇员很有可能随时涉嫌侵犯名誉权或过失侵权，即便经营得最好的报业公司也会遇到这些问题，因为这些责任与信托业务之间有必要联系，因此此时受托人不应承担个人责任，而该业务的风险应由信托承担。有时受托人从事了侵权行为但是反而增加了信托财产的价值，此时受托人应该有权从信托财产中得到偿付，否则信托财产将会构成不当得利。当信托的受托人负有侵权责任，但由于资不抵债或因其他原因无法承担时，受损害一方可以起诉受托人的代表身份并要求从信托财产中获得赔偿，前提是受托人在以个人财产支付赔偿后有权从信托财产中得到偿付。

传统信托法中有关侵权责任的规则也经历了与合同责任规则相似的发展历程。现代观点是侵权受害人可以直接起诉受托人的代表身份。法律一般允许基于在信托管理过程中发生的侵权行为而产生的请求权起诉信托并从信托财产中获得偿付，无论受托人是否应该承担个人责任。而信托与受托人个人之间的责任问题可以通过会计清算程序、补偿请求权程序或其他适当的程序来确定。

三、违反环境法的责任

随着经济的发展，环境问题日益突出，各国对有害废物处置和其他环境问题的监管力度日益加大，针对环境保护的立法也层出不穷，信托在管理过程中违反环境法的可能性日益增加。而各国关于环境保护的制定法一般都不允许当事人在信托文件中通过约定来免除依法应承担的环保义务和责任。这样由谁来承担信托违反环境法的责任就成了一个新问题。受托人担心有可能由于信托财产违反环境法的清除污染要求而承担原应由信托人或信托财产以前的其他所有者承担的责任。这种担心造成有些专业受托人在同意担任受托人之前要求对不动产进行检查,以确定其是否符合环境法的规定。这些检查可能会非常费时费钱,各种费用只能由信托财产承担。

为了鼓励被任命的受托人同意担任受托人,有些信托人在信托文件中增加一个条款,授权由信托支付环境法合规检查的费用,甚至允许受托人放弃可能被污染的财产。1996年美国国会颁布了一些新的法规,列出受托人若想不承担信托财产以前的所有人造成的违反环境法的个人责任可以采取的行动,包括在信义关系开始之前就检查财产、管理已经被污染的财产,并对受污染的财产进行清理等。当然,管理财产的受托人在管理过程中造成的污染应由受托人承担个人责任。美国《统一信托法》认为违反环境法的责任除非由受托人个人过错引起,否则受托人不应承担个人责任。

四、受益人的救济

如果受托人没有执行信托文件中要求的一般或特定职责,谁有权要求法律救济呢?对此私人信托和公益信托有所不同。

一般而言,如果是私人信托,任何信托受益人都可以向法院起诉,要求受托人履行职责。这种诉讼不能由信托人提起,因为除非明确特别保留该权利,信托人无权要求强制执行私人信托。当然,如果信托人对信托的剩余财产持有利益,在信托到期之后他有权要求受托人将财产转让给他,但此时他的身份是受益人而非信托人。

如果是公益信托,则一般由当地的总检察长或者其他得到法律授权的政府机构来提起诉讼,而认为自己受到侵害的个人一般没有资格起诉要求强制执行公益信托。信托人或其承继人一般也无权起诉要求强制执行公益性信托或者基于违背信托而要求归还信托财产。根据普通法,公益信托的创立者及其承继人有权不时检查和管理信托,但迫使公益信托履行义务的权力则属于总检察长。

针对信托向法院提起的诉讼可能起因于对信托条款的理解有歧义、受托人威胁要违背信托或者已经事实上发生了违背信托的行为。如果对信托条款的理解有歧义,受托人或受益人可以向法院提起诉讼,要求法院进行解释,并可以对影响信托管理的法律问题提出建议。如果受托人威胁要违背信托,受益人可以要求法院颁布制止该行为的禁止令;如果已经发生了违背信托的行为,则受益人可以要求法院撤销不当交易,前提是该交易不涉及善意买受人。除此之外,如果受益人能够证明信托继续由受托人管理将会严重威胁受益人的财产利益,则可以要求法院解任该受托人。

首先,如果受托人因违背信托而获得利益,受益人有权针对受托人要求损害赔偿,同时对受托人因违背信托而获得的收益有留置权。损害赔偿的标准一般是“如果信托被适当履行,信托的原物和收益的价值”和“因受托人不当行为造成目前的信托原物和收益的价值”之间的差额。例如,信托文件不允许受托人将信托财产投资于股票市场,而受托人却将100000元信托资金投资于股票市场,后来股票下跌只值20000元,这价值20000元的股票就是错误处置信托资金的结果;如果受益人选择请求损害赔偿,即让受托人为100000元的信托原物负责,他可以留置这些价值20000元的股票来收取他的胜诉判决债权。他可以将这些股票视为属于受托人个人的财产,将这些股票在法院的监督下出售,用所得收益来偿还100000元判决中的一部分,其余80000元作为未经担保的债权由受托人负责偿还。如果受托人事先出具了履行担保,受益人可以从担保人手中得到赔偿。如果受托人没有提供履行担保,法院在必要的情况下可以要求受托人补充提供,或者要求受托人提高担保数额。

其次,如果因受托人违背信托而使受益人遭受损失,所涉及的信托原物或其替代物可以被追踪到非善意持有人手中,则受益人还可以要求追踪每一笔交易作为救济。此时受益人可以追踪信托原物或其替代物一直到占有人手中,可以要求占有人归还信托财产或其替代物,除非占有人是对信托不知情的善意买受人。这种在受托人违背信托后能够使受益人或代表受益人利益的受托人从其占有人手中追回信托财产或其替代物的救济措施非常重要。

显然,损害赔偿加利益留置的救济方式与财产追踪的救济方式完全不同。前者将违背信托的结果看作是受托人自己的财产受到损失,而在财产追踪理论下违背信托的结果被视为信托财产的替代物。这两种救济不能同时实施,受益人只能二者选一。如何选择应取决于具体情形。当违背信托的结果是信托财产贬值,并且受益人有机会从受托人的一般财产中获得偿付时,损害赔偿加利益留置的救济比较好,而当违背信托的结果是信托财产增值,财产追踪是比较好的救济。

这里举例说明:假设甲将价值100万元的房屋转让给乙,由乙作为受托人为丙的利益持有并管理。受托人违背信托将房屋出售给丁,丁对违背信托的事实知情,然后乙将出售价款90万元现金存入银行作为个人财产。

第一种假定:如果作为原始信托财产的房屋增值为120万元,则追踪信托财产比要求损害赔偿对受益人更有利。此时受益人丙可以追踪原始信托财产直到丁手中,并且可以基于转让无效而让丁归还该房屋。通过财产追踪,受益人或代表受益人的受托人可以请求法院判决该房屋属于信托财产,这样该房屋或其替代物就应该被转移给现任受托人,而财产的升值部分当然也属于信托财产。"追踪"的权力不是没有限制的,其实施取决于目前占有财产者是不是善意买受人以及受益人是否有能力指认信托财产作为原始信托原物或其替代物。如果信托财产或其替代物到了善意买受人手中,则衡平利益被切断,善意买受人可以取得财产的完整所有权而不受受益人的权利影响。当然善意买受人必须在支付了对价并且对信托利益不知情的情况下才能取得法律所有权。知情可以是事实上知情或推定知情。

第二种假定:如果作为原始信托财产的房屋贬值为80万元,则对受益人来说,较好的救济方式是金钱损害赔偿加利益留置,即受益人可以留置转让价款(即乙出售房屋所得价款90万元),要求用以赔偿部分损失,另外的10万元仍然是针对受托人的债权。这样,承担信托财产贬值损失的是非法行事的受托人而非信托,从而受益人的利益可以得到最大保护。

有时信托财产的损失是第三人单方面的原因造成的,此时第三人应承担责任,但是受托人有义务针对该第三人提起诉讼。如果受托人无故拒绝对第三人提起诉讼,则受益人可以提起诉讼。如果信托财产的损失是由第三人和受托人一起造成的,提起诉讼的人既可以是有过错的受托人、继任或共同受托人,也可以是受益人。诉讼既可以针对第三人,也可以针对第三人和受托人。参与违背信托行为的第三人只有在明知或应知信托被违背时才承担责任。在第三人明知是信托财产的情况下接受信托财产作为受托人个人债务的偿付,或者如果他协助受托人将已知为信托财产的财产支付给他人偿付受托人的个人债务,则第三人事实上参与了违背信托的行为。

受益人获得救济的权利并非没有限制。首先,如果受益人事先或在违背信托的行为发生后批准了受托人的行为,或者同意豁免受托人或第三人的责任,或者根据禁止反言规则不能主张信托的存在,或者由于选择了一种救济因而不能得到另外一种救济,此时受益人就不能要求救济。其次,不管时效法如何规定,如果受益人没有合理理由在很长时间内没有主张权利并寻求救济,则可能被判定为懈怠,因此失去获得救济的权利。

另外,如果法院已经批准了受托人的账目报告或者解除了受托人的职责,受益人就不能再对账目报告中的事项提出异议,因为受益人曾经有机会对此提出异议。根据一事不再审原则,受托人或受益人如果在前一个诉讼中已经提起诉讼请求,则不能就同一请求再次起诉。在破产程序中解除责任的受托人对受益人不再承担责任,除非有欺诈性行为、贪污或盗用等不当行为。如果受托人死亡,超过遗产检验法规定的期限,则受益人不能针对受托人的遗产主张请求权,但这不适用于基于追踪理论而对信托财产拥有的请求权。

针对受托人的请求权是一般请求权而非优先请求权。如果信托有共同受托人,则共同受托人的任何责任都是连带责任。但是当所有共同受托人的过错一样大时,共同受托人之间有请求责任分担的权利;当共同受托人之间过错大小不等时，过错较小的共同受托人对过错较大的共同受托人有补偿请求权。

我国《信托法》没有针对受益人可能得到的救济进行具体规定，可以理解为适用一般民法原则。通常民事纠纷中的原告可能得到的救济措施，信托受益人也应该可以向法院提出请求。但是对于信托独特的法律关系中存在的财产追踪救济方式，我国法律没有规定，该缺失应该填补。

第五章 民法的基本原则体系

第一节 基本理论

一、原则与法则、规则、准则

原则与法则、规则、准则在意义上既存在相互联系，又有着根本区别。在哲学意义，法则是最高效力的原理，通常称其为普遍法则，它是原则、规则与准则产生的根源。原则是法则的具体化，是现实中的法则。原则又是规则的总根源，原则需要一系列的规则来体现，或者说，某个领域的规则都要受到某一或某些原则的支配。如果说法则、原则和规则都具有普遍性，那么准则却属于特殊性范畴。准则是个人把自以为法则、原则或规则的东西当作自己行为的标准，准则是个人认可的行为依据，因而准则具有个人性、主观性、特殊性。同时，准则所依据的法则、原则或规则是行为人主观化了的东西，不再保证其原有的客观普遍性。因此，四者是从普遍到个别、从抽象到具体的转换。

法则本身是客观的、普遍的、永恒的法。法则是客观存在的，是不以人的主观意志而改变的，是永恒的、不变的，因而它在效力上是普遍的，即法则对任何人都是有效的，而不论个人承认与否。例如，孟德斯鸠把法则称为法，并认为人有人的法，神有神的法，自然万物都有其特有的存在法则。我国古代的老子很早就提出并详细论证了道的概念，这个道就是普遍永恒的客观法则，并指出天道、地道、人道三大道及其相互关联法则，人的法则要受到天、地之法则的制约。道作为普遍法则是无形的、抽象的,是万物之源,人只有用思维才能把握。西方的自然法理论,把自然法则视为永恒的普遍法则,它是人定法的合法性依据。自然法则本身是永恒不变的理性法则,是人在自然状态下自动生效的法则,是人的自然存在法则。而人定法只能说是原则和规则,是人主观创造的行为标准,它往往被认为是对自然法则的一种认识与模仿,但前者并非对后者的真正描写。

原则在本质上是主观的,正如人们常说的,你有你的原则,我有我的原则;但这个原则只是行为的抽象理念,是行为的总方针和指导,并非具体的规则,例如,人人平等原则、人格自由原则。不同的民族也有各自奉行的法律原则,近代以来英国人把个人自由视为最高原则,而法国则把平等视为法律和国家的灵魂,德国则把个人自由与国家普遍利益相统一视为最高原则。规则是行为应当遵循的具体规范,法律规则是法律所拟定的具体行为规范,是具有国家强制性的普遍有效的行为标准,人们必须遵从,否则就要受到法律的制裁。准则,是现实中每个人行为时所设定的具体行为依据,他可以把某个具体的普遍法则、法律原则或法律规则作为自己的行为依据,也可以依据自己所设想的某种原则作为其行为依据,作为其行为准则。因而准则完全是个人自己的选择与决定,不具有普遍有效性,而只对行为人自己有效。但是,如果自己所选择的准则是与法律原则、规则相违背时,就会构成所谓的违法,因而可能会受到法律的惩罚。康德曾经对法则与准则进行了区分,他认为法则是普遍的、客观的,而准则是个别人的行为规范,而且只有准则符合了法则时,这个行为才是理性的。他提出这样一个法则,即每个人在行为时都应当始终使自己行为所依据的准则,能够同时成为普遍法则,那么自我就是一个理性立法者。同时,人应当使自己行为所依据的准则能够与普遍法则相一致,这时人才是理性的守法者。康德三大律令中最为根本的普遍法则是目的论法则,即任何人行为时应当始终把自己和他人的尊严与人格都当作其行为的目的而非手段,这就是自由并存的普遍法则。如果把自己偏私的准则当作普遍法则,那就是自负,自负必然导致行为的失败或对自己和他人的伤害。因此,原则是介于法则与规则之间的规范要求,是现实化了的普遍法则,它又是所有具体规则的总要求。

民法所体现的普遍法则是什么呢?它应该是民法所应当遵循的最高精神,而民法的基本原则和具体规则都是从此发生而来的。从这个角度来讲,民法的普遍法则应该从人自身及其相互关系中来寻找,个人自身及其存在的社会关系的基本法则也可以从不同视角进行解构。人之所以为人的前提就是享有人格尊严和人身自由,反映在法律上就是人享有权利,人与人所构成的社会关系在法律上就是法律关系,因而法律应当遵循的普遍法则应当是权力至上,即权利应当受到普遍尊重。民法所应当遵循的普遍法则就是人格尊严与权力至上法则。民法的基本原则是民法普遍法则的具体化,是民法的普遍法则的主观具体化,对民法的立法、完善与适用都有着普遍指导意义,任何民事立法行为与民事法律行为都不能背离它。

二、民法基本原则的概念

民法的基本原则,就是民法价值理念的分类化,是所有具体民事制度、民事活动都必须遵循的基本要求,体现着民法的根本精神,是民法的灵魂之所在。从实践意义上讲,任何民事活动都不得违反它们,是所有民事行为的基本底线,也是社会秩序、文化与道德的底线。所谓基本原则,就是贯穿于整个民法体系始终的总精神,这里的“基本”就是最基础的、底线性的、普遍约束性的意思,因而民法的基本原则应当是所有民法规范体系都必须贯彻始终的普遍法则,它指导着具体民事法律制度。因此,民法基本原则,既是一种价值理念上的基础性要求,也是效力上的最高法则。例如,民事法律行为的效力制度就是此类原则的体现,违反民法基本原则的民事法律行为会导致无效或可撤销,如欺诈违反诚信原则,可能会导致可撤销或无效。

民法的基本原则,是由其基本精神与宗旨所决定的。法的精神,就是指法的根本价值取向——法的灵魂,而法的精神必须通过法的基本原则、具体规范来体现。民法的基本精神和宗旨,就是确认和保护民事权益。民法的精神与宗旨的实现，是通过调整民事关系来实现的，而民法基本原则就是民事主体参与所有民事关系都必须遵循的最高要求，即必须遵循的基本价值理念。民法的基本原则，也是宪法中有关公民拥有的人身与财产权利规定的一种延伸与具体化。什么是宪法及其精神？宪法是一个国家的根本大法，是一个民族传统与时代精神的集中体现，展现着人民集体智慧文化的总水平与特色，是民族本质自我认识的结晶。现代宪法的本质或精神就是最大限度地规定与保障公民所应当享有的政治、民事等基本权利，因而人们常说，宪法是人民权利的总章程。民法是从民事法律的角度来全面规定民事主体所应有的民事权利的，因而也有说，民法是市民的权利总章程，而民法的基本原则是宪法根本精神在民事方面的具体展现与系统化。从现代法治体系构建角度来看，民法的基本原则体现着现代法治理念，是现代法治精神的集中显现。民法的平等、自愿、公平正义和诚信等原则，也是社会主义核心价值观中的平等、自由等基本内容的民法化，是当代法治精神在民法中的一种系统反映。因此，民法的基本原则，与现代法治精神、社会主义核心价值观在本质属性上是相通的，遵从民法基本原则本身就是在践行现代法治理念和社会主义核心价值观。

三、各基本原则的相互关联

民法的基本原则，不只有简单的一个，而是由多个原则构成的一个完整系统。每个原则不仅具有各自的含义，还具有不同的功能与地位。

第一，根基性原则：保权原则。保权原则就是权利受民法的全面确认与有效保护的原则，它在民法中的地位是由民法的根本宗旨所决定的。其根基地位表现在两个方面：一是它是所有的民法原则的根基，其他基本原则都是由此而生长出来，或者是此原则的延伸，或者是对此原则的限制；二是它是整个民法体系的根基，在整个民事规范体系中具有根基地位，因为每个民法规范直接或间接地与民事权利有关，要么是确认民事权利的，要么是保护民事权利的。

第二,前提性原则:平等原则和自愿原则。平等和自愿是保权原则引申出来的民事主体特有的两个基本原则:首先,平等原则,属于前提性原则。它是进行民事法律关系的前提,主体法律地位是平等的,主体权利能力享有上是平等的。民事活动的前提是民事主体在法律地位上的平等性。其次,自愿原则,是属性原则。自愿是自由与责任的合一,凡是我自愿或同意的,我才必须承担其后果,因而自由意味着责任。私权至上、意思自治和责任自负,是法国早期民法典所确立的三大原则,被视为现代化法治的标志。自由原则或自治原则,现在有诸多限制,这些限制性原则主要有公序良俗原则、绿色原则等。

第三,补充性原则:诚信原则、公平正义原则。这两项原则是对保权原则、平等和自愿原则的一种补充。诚信原则有人称之为帝王式法则,将其视为民法的最高法则,而实际上它是补充性原则,因为它本身是一种道德性法则,但被民法转化成了民法原则。缔约过失责任、合同保守信息义务等民法规则,都是诚信原则的具体体现。公平正义原则有多层含义,有时指同等情况同等对待,有时指民事权利与义务的设定要合理,不能一方过分有利或过分不利,让一方只享有权利或承担责任。

第四,限制性原则:合法原则、公序良俗原则和绿色原则。这些原则主要是对保权原则与自愿原则的一种强制性限制。合法原则,是民事活动的绝对底线原则,即便是民事权利的行使,也不能违反法律,违法的民事法律行为都是绝对无效的。公序良俗原则体现的是社会公共利益,包括公共秩序和良好道德两个方面。以上这几项原则的内在关联,体现着个体自由权利与国家干预意志、社会价值本位的一种平衡,也是国家与社会的整体利益对权力至上原则与自愿原则的一种制度性限制,而限制的同时是更好地维护权力至上原则与自愿原则。绿色原则,是指民事活动必然要考虑到生态与环境的保护,即便是行使权利也不得给生态与环境造成破坏。因此,合法原则、公序良俗原则和绿色原则都是对保权原则、自愿原则的一种限制,违反这些原则的民事法律行为应该都是无效的。

第二节 平等原则

一、法哲学与宪法上的平等

平等有多重含义,如法哲学上的人格平等,宪法上的自由平等,政治权利上的平等对待与关怀,民法上的权利享有与义务承担上的平等。法律上的平等,是指法律之上无人且之下亦无人,人人都是法律之内的人,法律权利享有与义务承担上一律平等,没有特权与歧视。我国当代的社会主义核心价值观,其中的一个层面就是自由、平等、公正,而全面的法治建设,首先要让人们感觉到平等自由,相信法律确实是主持公平正义的,而民法作为法治的基础法律,也必须体现社会主义核心价值观,平等则是价值体系中的一员,也是民法的基本原则之一。我们在探讨民法上的平等原则之前,可以就法哲学上的平等大致进行一个体系化分析。

法哲学意义上的平等,是指每个人作为人在抽象人格上是平等的,即人格平等。现代法治哲学理念下的平等,主要是指法权人格上的平等。法权平等是近现代法哲学的核心理念,近代契约自然法理论认为人天生是平等的,人人都享有平等的生命权、财产权、自由等自然权利,这些自然权利对于任何人都是平等的,而西方近代法律只是把这种天生平等规定为普遍规则,当然这种平等也只是形式的平等,并且形式上的平等也没有真正全面贯彻到底。

现代宪法都宣称人人平等原则,人人享有平等的法律地位和权利,也都必须平等地遵守法律,不得有任何人享有超越法律之上的特权;人人都享有得到法律平等保护的权利,人人在法律上都不得受到歧视;人人在受到严重生命威胁和生活困难时,都享有得到国家救助的权利;人人都享有参与国家治理的平等机会,如(被)选举权、申诉举报控告权利等。但是,即便当代一些宪法宣示了这些平等原则,在具体法律规定上也还存在种族、性别上的不平等,现实中不平等观念与现象从来在一些国家中没有中断过。只有在社会主义中国,不仅在宪法和法律上能够把平等原则贯彻始终,而且在现实中也能够尽力做到人人平等。

二、民法上的平等

法律的平等,是指每个人在法律上的人格尊严与人格权利是平等的,每个人都平等地享有法律上确认的基本权利并受到法律的平等保护。民法上的平等,是指当事人在民事活动中的地位平等。这里的法律地位,是指所有的人在法律上的地位没有高低贵贱之分,都是平等的民事主体。进一步来讲,民法上的平等是指,每个人都是人,不论男人、女人,穷人、富人,官员、平民,都叫作自然人;不论是公有企业还是私有企业,在民法上都叫作法人或其他组织,谁也不比谁的法律地位高或低,谁也不能强制别人。法院欠债,也要依法负有偿还的义务。男女平等是最易于理解的平等,婚姻法中规定了男女平等原则,夫妻在家庭中的地位平等。最普遍的平等,是市场交换上的平等,因为市场交换与竞争的前提就是平等,每个市场主体都拥有平等参与市场交易与竞争的权利。双方自愿合法的交易都被视为符合平等原则,这只是形式上的平等,一种机会上的平等。

国外有一个典型故事,原来我们用来批判资本主义的金钱至上观,但这一故事也同时是对民事平等原则的一种诠释:爷爷与孙子的帽子故事。孙子放学后开始做买卖帽子的生意,有一天戴着没有卖完的帽子回到家里,爷爷想要一顶帽子,而孙子如何对待爷爷的想法呢?孙子说,爷爷应当和其他人一样付钱购买,而爷爷听后不仅没有责备其不孝顺,反而非常高兴,并大加赞赏。为什么爷爷大加表扬孙子?因为他为其孙子已经知道并遵循做生意的基本原则而高兴,这个基本原则就是市场经济的平等精神,平等交换就是平等对待。我们也常说,亲兄弟也要明算账,这也体现着市场平等。同理,如果是老师与其所教的学生、医生与病人之间进行买卖交易,是否违反平等原则?这在英国法律上规定为推定存在优势一方利用了其优势地位,这种不平等、不自愿的交易是可以请求法院宣布为无效的，除非能够证明没有利用这种不平等的身份关系，是双方完全自愿的。

我国目前对于民法的平等原则，有着不同观点：第一，有人认为《民法典》中不应该把平等作为一种基本原则来规定，因为平等不仅是民法的基本原则，还应该是所有法律的基本原则，宪法就已经把平等规定为法律的基本原则，就是众所周知的法律面前人人平等原则，因而民法就没有必要再重复规定平等原则；第二，有人反对上述观点，反对者认为平等虽然是法律的基本原则，但民法上的平等原则与其他法律的基本原则有着明显的区别，民法上的平等指的是民事地位上的平等，是民事主体之间不具有从属或支配关系，而宪法上的平等原则主要指的是抽象的人格平等，是守法意义上的平等，是任何人都没有超出法律之上特权的平等；第三，有人对现行民法规范中对平等的定位存在异议。这种观点认为，《民法典》不应该把民法的调整对象规定为平等主体的民事关系，而应该把平等二字去掉。其理由是，民事主体之间本来就是平等的关系，而该条应该简要表述为：民法是调整民事法律关系和保护民事权利的基本法律。民事上的平等，主要是指主体之间没有隶属管辖关系，不是内部关系或命令服从关系，单位内部业务关系、行政管理关系不是民法上的平等。总之，民法上的平等原则，主要是指民事主体在法律上的地位平等，每个民事主体都是独立的民事主体，民事主体之间不是隶属关系，更非支配、命令与服从的管辖关系。换言之，平等意味着每个民事主体都拥有同等的民事主体资格，拥有同等的民事权利能力，因而平等是民法上主体资格上的基本特征。总而言之，平等是指民事法律关系中的民事主体特征，平等原则是民事主体参与民事活动的前提性原则。平等是自由的前提，自由原则才是民事主体主观意志上的平等，是民法的根本性原则，彰显着民法的根本属性。

第三节 自愿原则

一、自由的一般概念

自由是自古至今人们讨论最多,对人最重要,同时也是最有争议的论题。关于自由的热点话题很多,例如,什么是自由,自由与现代法治精神有何关系,自由与市民社会、市场经济有何关系,人类的自由梦想是否能够实现。我们在讨论民法自愿原则之前,要大致探讨一下自由到底是什么。卢梭在其《社会契约论》的开篇就提出了自由的理念与现实的张力问题,人天生是自由的,但是,也无处不在枷锁中。那些自认为是别人的主人的人,实际,上是比其他人更加彻底的奴隶。人天生是自由的,自由是人应有的本质属性,是人天赋的自然品性,但现实中的人却总是在枷锁之中受到外在的约束,现实中并不存在完全的自由。卢梭由此揭示了人的天赋自由与现实自由之间的张力,揭露了专制制度下是不可能有真正的自由的,人的天赋自由受到了现实专制的压制。法国现代自由主义大师贡斯当揭露了宪法上规定的自由与现实中自由状态的不一致性,法国曾经颁布过的所有宪法都说要保障个人自由,然而,在这些宪法的统治下,个人自由却不断受到侵犯。宪法条文中规定的自由平等,现实中却是另一种情况,这说明自由不能仅存在于理论上,也不能仅停留于法律条文上,而应该实现于现实生活中。由此看来,西方一直向往的所谓自由只是停留在理论假设与宪法宣言上,真正的自由根本不能实现。这也说明现实的自由是多么弥足珍贵,自古以来多少志士仁人和伟大哲学家所追求的自由境界是多么难以完全实现。

自由是所有法律的总精神,人类所有的法学、法哲学都在不断地探求人的自由及其实现问题。自由是人的梦想,完美的自由也被一些人认为只是一种乌托邦,是人间的天堂。乌托邦就是人的最佳生存状态,是人的理想王国,是自由王国,而在这个理想王国里,每个人都是自由的,每个人都是自己的国王,也是这个国家的国王,每个人都是自己的主人,任何人都无需依从于他人。同时,自由王国里,人人都应该是圣人,人人也都拥有神圣不可侵犯的自由权利,人人也都自愿承担着不侵犯他人的神圣责任,这就是理性人。我国传统文化里没有自由和自由人的词汇,但并非没有与此相应的词汇与概念。我国古代的所谓圣人就是拥有自由能力的人,就是理性人,在西方的文化里就叫作自由人格。我国的圣人概念就相当于西方的理性存在者、自由存在者,也是正义存在者,圣人之所以是圣人,就是因为他们知道什么是正义之事,并愿意做正义的事,不去做伤天害理的事。圣人王国在本质上就是自由王国,在这里人人皆为君子,只有人人都是君子,人人才会拥有真正的自由,人人都是作为理性自由存在者而存在着。

在哲学意义上,自由被视为人的本质,人失去自由就意味着人失去了做人的资格。西方的自由理论主要有以下两种类型:

第一,消极的自由。它是人作为人所应当拥有的最低限度的自由,即不受他人干预的自由。只要一个人不被强制,那么他就是自由的了。权力的唯一职能就是保护个人的自由权利不受他人侵害,政府充当着为公民看家护院的守夜人角色,超越这一职责界线就是政治暴虐。这就是所谓个人自由主义原则,这种自由也被作为最低限度的自由。这是个人本位的自由理念,突出了个人自由至上精神。但是,这种自由理念存在根本的缺陷,即个人自由易于与国家普遍利益相冲突,而处理这种冲突的原则仍然是个人自由至上,即国家利益让位于个人自由,因为这种自由理念奉行的是个人自由才是国家的根基,而非相反。在这种个人自由至上理念之下,社会和国家公共利益就很难得以保障。后来的功利主义者密尔就修正了英国早期的纯粹个人主义自由观,提出了社会责任之下的个人自由观。密尔在其《论自由》中阐述了其著名的自由概念,并提出了自由的两层含义:在纯粹私事领域和在不危害他人利益时是自由的,不应当受到社会力量的干预与强制,但是,当个人自由危害他人和社会利益时,他就必须向社会交代,对自己的自由行为负责,而且社会力量也有权对其进行过问、干预与惩罚。虽然这种自由理论一定程度上修正了洛克消极自由的理论缺陷,强调个人自由应当受到社会整体利益的限制,但密尔自由理论的本质仍然是消极自由,突出个体自由本位的法治理念,强调个人自由永远是国家发展昌盛的根本动力。

第二,积极的自由。积极自由就是拥有理性能力的自由,理性能力就是指能够按照理性法则而行为的自主能力。积极自由强调人只有在理性法则上才是自由的存在者,认为只有拥有理性能力才是自由的,而人要成为自由存在者,就必须遵循理性法则,因而自由存在者也一定是理性存在者。如果个人缺乏或失去理性能力,那么国家就有义务帮助其拥有理性,甚至强制其遵循理性法则。康德良知说的本质就是理性自由,他认为人只有在遵从普遍法则时才是自由的,而良知就是自觉地把普遍的理性法则纳入自己内心,而普遍法则的核心理念就是把人当作目的而非手段。而黑格尔则把自由视为人的本质,自由只有在主观法与客观法相统一的层面上才是真正的自由,真正的自由是个人特殊性与国家普遍性的统一。因此,积极自由有时又被称为意志自由,其本质是整体自由,这与英美法系的消极自由的个体自由相对应。实际上,积极自由与消极自由都有局限性,因为积极自由的本质是国家普遍性而非个体性,个人的自由只有在国家普遍性中才有意义,奉行的主要是国家利益至上理念,强调自由的共存,强调整体的自由。消极自由则走向了另一个极端,这种理论过分强调个人自由,而忽视了国家整体利益,因而这也是一种极为片面的自由理念。真正的自由应该是两者的结合,而这种结合只有在社会主义中国才能真正实现。

二、民法上的自由概念

自由是所有法律的基本价值理念,是所有法律的根本原则,而民法是有关民事主体的自由原则与规则的法,是规制民事主体自由及其限度的基本法。民法上的自由,是私法意义上的自由,与公法上的自由是有明显区别的,尽管两者在本质上是统一的和相互关联的。公法上的自由,是指公民的基本政治权利,是个体参与国家政治生活的基本自由,如选举和被选举的自由。

自由在我国民法中的表述一般是“自愿”。自愿原则就是指,凡是民事事务都由民事主体自己决定,别人没有权利对其进行干预。自愿原则有以下几层含义:一是凡是我自己的私事,都由我自己来决定,这就是私事自治原则;二是自我决定的民事事务,自己要对其负责,这就是自我决定自我责任,因而自由意味着责任;三是自愿的反面含义就是免于他人干预,而他人干预我的民事事务就是对我的自由的冒犯,因而自愿意味着免于强制。有人把民法上的自愿原则视为自由,也有人反对把自愿与自由等同起来。但是,可以肯定的是,西方的私权自治原则或民事自由原则,与我国民法上的自愿原则是相通的或相对应的概念。当然,自由的概念,就其本身的含义而言,要比民法上自愿原则的含义宽泛得多。也可以把民法上的自愿原则视为自由概念的一种具体化。

自由表达自我意志的能力,与个人的年龄和智力有关,即理性是自由能力的前提,这在民法上就是主体资格问题。民法上民事能力就是民事主体资格,就是民法确定的、能够作为民事主体参与民事活动的资格,这种主体资格在我国《民法典》中规定为民事能力制度。民事能力由两个方面构成:一是民事权利能力;二是民事行为能力。两者有何区别?权利能力人人平等,是抽象的权利享有,而民事行为能力是主体能够用自己的行为来行使民事权利和履行义务的能力。自然人只有达到一定年龄且智力正常,才具有相应的民事行为能力。如果与没有相应的民事行为能力的人达成合同,就会存在合同效力问题,无行为能力人所订立的合同是无效的,而限制行为能力人超越其行为能力所签订的合同则是相对无效的,即一般是效力待定的。只有完全行为能力人,在自由的情况下依法订立的合同,才是有效的。

民法上最典型的自愿原则,就是所谓的契约自由。每个民事主体都有权依照自己的意愿去参与民事活动设立、变更、终止民事法律关系,而合同关系是最为常见的民事法律关系。依照自己的意愿,就是不受他人的支配或强制,这种免于干预与强制的自由原则是英国式最低限度的自由。违反自愿的情形与法律后果的制度规定,体现着民法的基本价值理念。我国《合同法》中处处都体现着自愿原则，订立合同时必须遵守自愿原则，否则可能构成缔约过失责任，而合同变更、解除，除法定情形外，都必须经过对方的同意，合同义务的转移也要经过对方的同意。不自愿，就是违反自己的真实意思，在我国《合同法》上就是指合同双方根本就没有达成合意。欺诈、胁迫，都是由合同当事人或第三人所导致的一种不自愿情形。对于合同的重大误解，也是一种不自愿的表现，只是重大误解往往是错误方本人的原因所致。这些情形，都是由于违反自愿原则而导致合同的效力可撤销或无效的。自由、自愿、意思表示真实，其反面显现主要有不自愿、欺诈、胁迫、重大误解，自愿原则就是合同可撤销效力制度的法理依据。民法必须对这些违反自由原则的行为及其责任进行全面规定，只有这样才能够从广度和深度上来维护民事主体的自由权利。

私权自治是对权力非法干预的一种否定，只要不违反法律、侵犯社会公共利益或其他人的合法权益，权力就不能对民事主体的私权行为进行干预。在现实中，合同自由的立法价值就是保障民事主体免于权力的非法干预，权力的滥用是任何一种市场经济所面临的最具杀伤力的暗器，我们国家社会主义市场经济构建过程必然也会出现权利与权力的冲突问题。权力腐败的根源，往往在于权力非法干预合同自由，并从中非法牟利，反腐败也要注意民事领域的权力干预问题。对于合同自由理念的违反，本质上就是对社会主义核心价值观的一种践踏。因此，应当对违反合同自由的各种现象予以足够重视，不能把合同自由与社会主义核心价值观体系割裂开来，既不能放任合同欺诈泛滥，也不能任由权力干预合同的腐败现象任性发生。合同自由，绝不能理解为民事主体可以为所欲为，而是在尊重法律前提下的自由，是在不侵害他人和社会公共利益的前提下的自由，因而合同自由是遵从法治下的自由，也是受到法治保护的自由。

总之，自由是人的本质，自由在法律上的体现就是权利，而法律就是规定人自由的限度，而构建权利的体系，其最终目的就是使人成为拥有自由权利的法律主体，促成一个自由人的共同体。自由是民法的根本精神，民法的基本使命是保护民事合法权益,而合法权益的本质就是自由。自由在我国民法制度中通常表述为自愿,而自愿就是依照自己的意愿在法律范围内处分自己的民事权利。自愿原则尽管是民法的核心原则,彰显着现代法治最为核心的价值理念,但是也要受到诚信、合法、公序良俗与绿色等基本原则的限制。

第四节 诚信原则、公平正义原则

一、诚信原则

诚实信用,就是要做一个真诚守信的正直之人,这不仅是人应当遵循的基本准则,也是人与人之间相互交往的基本规则,还是一个良好秩序所必备的社会法则,是一个民族的文明标志。人无信不立,国无信则不昌,诚实信用之核心要义是相互依赖与尊重,因而它不仅是个人的美德,也是一个良好国家所应当具有的基本德性。不说谎,诚实对待他人,不欺、不诈、不坑蒙拐骗,童叟无欺,这是一个人应当严守的道德底线。市场经济是一种基于诚信原则相互依赖、相互合作与共同发展的经济运行模式。银行、保险、证券等金融类企业,都是以最大诚信为根基的,而企业的商标品牌,就是一个法人的诚信标牌。诚信就是一个经济组织的生命,一旦一个企业失去了基本的诚信,那么它就必然会走向破产。整个市场一旦没有诚信原则作为基本保障,那么这个国家的经济秩序就必然会混乱无序,最终走向崩溃。从反面来讲,如果欺诈现象充斥社会各个角落,成为一种公害,严重阻碍着市场经济的健康发展,严重伤害或威胁着每个人的身体健康和生命安全,那么这样的市场经济秩序还是良好的吗?而这一问题的彻底解决仅仅依靠民法的救济是远远不够的,还要依靠行政法、刑法等法律的共同努力。

有人认为,诚实信用是民法的唯一原则,其他的平等、自愿等原则都可以归入这一原则；也有人认为，诚实信用仅是一个抽象的道德法则，不是法律规范的范畴，不能作为民法的基本原则。这两种观点都有其道理，但诚实信用作为基本道德原则其实也是民法的基本原则，法律的最终目的就是塑造人的基本美德，构建良好的社会经济秩序，促进一个民族和国家的文明进步，法律只是对这种基本道德予以确认和普遍化。

我国的诚信原则，是指在民事活动中，民事主体要做到两个方面：一是秉持诚实；二是恪守信用。

诚信原则是作为基本原则规定于我国《民法典》中的，具体体现在以下几个方面：①订立合同时，违反诚信原则，就可能要承担缔约过失责任。如有恶意串通等违反诚信原则的且造成损害的，就要依法承担赔偿责任。因受欺诈而订立合同的，合同生效后的法定期间内是可以向人民法院或仲裁机构起诉或申请要求撤销该合同的效力。②在履行合同中，设定了合同保全制度，该制度规定代位权和撤销权。代位权是指，当债务人怠于行使其到期债务，而又不履行对其债权人的债务时，债权人依法有权以自己的名义，代位行使其债务人的债权。撤销权是指，债务人违反诚信原则，恶意延长其到期债权的履行期限或者无偿转让物权且伤害债权人利益时，债权人依法享有向人民法院请求撤销债务人该行为的效力。这是对于债务人严重违反诚信原则而又伤害到债权人的债权时，法律所赋予债权人干预债务人民事法律行为的法定权利。其立法目的，既是对债权人合法权益最大限度的保护，又是对民法诚信原则的维护，还是对整个市场秩序的维护。合同解除权法定情形之一，就是因为债务人违反诚信而产生的，当债务人预期违约或现实违约致使不能达到合同目的时，债权人有权依法解除合同，并追究债务人的违约责任。③合同履行后还要履行基于诚信原则的附随义务，如保守商业秘密、个人信息的义务，给予对方技术指导等必要帮助义务。违反这些诚信义务导致对方损失的，也应该依法承担相应的责任。④诚信原则还有补充法律规定缺失的作用，以及解释民事法律行为的功能。当民事法律规范对某种民事行为进行相应的规定时，或者当事人双方对某一法律行为产生分歧时,人民法院可以依据诚实信用原则进行裁判。

总之,诚信原则要求当事人真诚履行自己的义务和行使自己的权利。诚信原则在本质上是对自愿原则的一种限制与补充,即便是当事人自愿的民事法律行为,也不能违反诚信原则,如欺诈或恶意串通侵害他人利益的行为。因此,诚信原则,在整体上对于民事立法与适用都有着指导作用。

二、公平正义原则

民法作为基本法,如同其他法律一样,是以公平正义为其基本品性的,因为民法维护民事主体的合法权益本身就是公平正义理念的体现,这就是当代基于权利的公平正义。正义,在法理上讲有多重含义,诸如占有正义、分配正义、所得正义、交换正义、矫正正义、形式正义、实质正义和程序正义、结果正义。正如柏拉图所说,正义不仅是个人所需要的美德,也是国家和法律的首要法则,而柏拉图所说的正义是指每个人都应当承担与其德性相匹配的职责,都要各司其职地为国家整体昌盛做其应尽的贡献。这就是基于德性的整体正义理论。亚里士多德的正义理论是指应得其所得的正义,即每个人都应得其所应得的东西,不过分多得或少得,包括财产、职务和赏罚等方面的分配。过分得到其不应该得到的东西,或者过分少得到其应得的东西,都是违反公平正义原则的,这就是分配正义或占有正义。亚氏的另外两种正义,就是基于分配正义上的交换正义和矫正正义。

民法的公平正义原则,体现于整个民法体系中,物权、合同、侵权责任等民事制度分别体现着占有正义、交换正义和矫正正义。

第一,民法中的物权法律制度体现的正义原则,就是占有正义。占有正义,主要是指财产权上的正义,只要是依照正当手段占有的财产都是合法的,都是应当受到民法保护的民事权利,任何人不经法律程序不得对他人的财产占有权进行干预。

第二,合同法律制度体现着交换正义。交换正义主要体现为合同正义原则,就是只要是经过合法契约而取得他人民事权利的,就是正义的,就应当受到法律的保护。合同正义原则体现在以下几个方面:①合同的成立要基于双方的自愿,不得强制、欺诈,这是合同订立程序上的正义。②合同的内容上,权利义务的分配要平衡,不可使当事人一方过分享有权利而使对方承担过多的义务,或者强加于对方过多的责任,或者免除一方过多的责任。公平正义原则的最主要的体现,是合同权利义务要公平合理,不得严重偏离正义价值,因而公平正义原则的本质就是互惠原则。这就是《合同法》上的公平原则,它要求合同双方的利益平衡,不能使合同对一方当事人过分有利,而对另一方过分不利。显失公平原则和不当得利制度等都是正义原则的体现。③合同不得侵犯第三人合法权益。例如,债务人与第三人约定无偿转让其财产权时,不得伤害债务人的原债权人的债权,否则债权人有权依法向人民法院起诉要求撤销债务人无偿转让行为。

第三,侵权责任制度和合同违约责任制度的立法目的就是维护公平正义,这种正义属于矫正正义。矫正正义,就是对那些侵犯他人权利的不法行为和违反契约的违约行为进行的一种纠正。

国家对违反公平正义原则的民事行为,必然要进行必要的干预,干预的手段在民法层面上主要是设定民事法律行为效力制度和民事责任制度。这种干预制度,主要有两种:一是对违反公平的民事行为适用可撤销制度;二是对严重违反公平的民事行为适用无效制度。具体来说:一种情况是,对显失公平的行为可适用可撤销制度,即对明显的不公平民事行为,国家并不完全否定其效力,也不完全承认其效力,而是规定受害当事人一方享有事后决定是否依法撤销其效力的选择权,而不是由国家直接规定其无效。这种干预是一种间接干预,国家允许当事人事后拥有撤销权,而一般民事法律行为生效后是不允许当事人任何一方撤销的。另一种情况是,国家直接把严重违反公平正义的民事法律行为规定为无效,这就是无效制度。例如,合同中约定的一方当事人对于其伤害对方身体而免责的约定,或者对于故意或重大过失而损害对方财产而免责的约定,国家是不承认其约定效力的,因为这种不公平的约定是国家不能容忍的,触动到了国家公平正义的最基本道德底线。因此，严重违反公平正义原则的行为可能是无效或可撤销的，其立法目的不仅在于保护个体正义，还在于维护社会的整体正义精神。

第五节 合法原则、公序良俗原则、绿色原则

一、合法原则

合乎法律是民法的法治底线，违反法律就是违反国家意志，违反社会整体利益，国家必然会出面干预。因此，违反法律的民事活动都是不会受到国家保护的，我国《民法通则》就明确规定了违反法律的民事行为的无效性，之后的《民法总则》《合同法》等都有同样的规定，违反法律和强制性法规的民事法律行为都是根本无效的。民事法律行为无效制度的设立，本质上就是体现国家对民事活动的一种最强的干预意志，对私权自治原则的一种强制性限制，是一种绝对限制。这种限制表明了国家对违法行为的基本否定态度，任何违反法律的民事法律行为，都是国家不予承认与保护的，也是国家根本不允许的，即便民事当事人双方都是自愿的。民事自治只有在法律许可的范围内行使，才能获得真正的自由，也才能得到国家的保护。这种合法原则，在法哲学上也是一个自古以来，尤其是近代的自然法学派等法学流派所主张的一种法治理念。洛克、孟德斯鸠等都明确阐述了个人自由与法律的关系，都一致强调个人只有在法律范围内的行为才是自由的，如果超出法律就不再自由了。因此，法律是个人自由的界限，也是国家干预自由的界线。民事合法原则，是对民事自治的一种限制，也是国家干预民事自治的一种理由与界线。但是，法律不是万能的，也有其局限性，法律并不能对所有的民事活动情形都作出规定，如果没有法律规定，民事活动就只能依据公序良俗原则，而公序良俗原则在一些社会法学家眼里就是活的法律，具有法律

的效用,违反此原则的民事活动也是效力上有瑕疵的民事行为,会产生如同违反法律一样的法律后果。因此,公序良俗原则也是对民事自治原则的一种限制性原则,下面我们来讨论公序良俗原则。

二、公序良俗原则

公序良俗,是指一个社会的公共秩序和良好风俗。我国《民法典》中规定的公序良俗原则,是指民事主体的所有民事活动都必须遵循公共秩序、良好风俗,违反此原则的所有民事法律行为都是无效的。

(一)风俗与民族精神

风俗是一个民族长期形成并流行的风气、礼节、习惯等,其内在蕴含的是历史传统和时代精神,而法律体系是建立在社会风俗与民族精神之上的普遍规则。民族精神需要外在的行为规范来体现,风俗与法律是两种基本的民族精神载体,一个民族的"精神"便是如此,它是具有严格规定的一种特殊的精神,它把自己建筑在一个客观的世界里,它生存和持续在一种特殊方式的信仰、风俗、宪法和政治法律里——它的全部制度的范围里——和作成它的历史的许多事变和行动里。民族精神,是一个民族生存所依据的基本理念,它体现为这个民族特有的法律、习俗等现象。一个民族的历史,就是这个民族的精神理念的形成史,是这个民族本质特性的自我认识及其客观化的演进过程。一个民族的文字、法律、制度改革以及经济政治大事件,等等,都是这个民族精神的自我敞开和自我展示。风俗是传承一个民族的精神基因,也会经历从青壮年到老年的过程,这个过程就是民族精神的生成与更新完善的进程,在一个民族的发展中,最高点便是它对于自己的生活和状况已经获有一个思想——它已经将它的法律、正义、道德归为科学,因为这种(客观的和主观的)统一里含有"精神"自身所能达到的最深切的统一。没有思想就不会有客观现实性,这种民族思想就是对一个民族根本特质的普遍揭示和深层把握,是一个民族对自己的目的和使命的自我反思,是一个民族理想的一种科学归纳和理性展示。风俗习性的发展,首先要体现为一种民族思想原则体系的深层变更，或者叫作思想革新。其次体现为法律制度的变革，这只是民族思想意识改进的必然结果。民族思想只是在理想层面上提出这个民族所需要的核心价值理念，而民族生活则是一种现实的东西，它是民族理想的外在客观化，因而一个民族的思想意识与这个民族的现实生活状况虽然并非完全一致，但存在着紧密的关联。民族精神彰显着这个民族的本质与性格，这种民族个性需要通过其民族意识、民族观念、民族风俗和法律制度等来展现，同时民族精神又是不断发展着、更新着的。

一个民族通过发展来不断发现和展现自我本质，不断揭示并证明民族自我本质的伟大性与正确性，探讨将其民族精神如何公理化。民族精神的公理化过程，也是这种公理被这个民族整体接受与践行的过程，只有这样民族精神才会现实化为人们的实践活动，形成人们的自觉行为，这种现实化是通过风俗习惯信仰来完成的。风俗习惯信仰的背后必然蕴藏着一种精神的东西，风俗习惯信仰必然是一个民族精神的现实展示，绝不是一种偶然的外在现象。精神，本身是一种自在物，但它如果离开人的活动和制度，那么就只是一种抽象的东西而不具有现实性。因此，风俗作为一种精神产物必须由人的活动与制度来呈现。

（二）法与风俗的一般关系

法律是由人规定的并由国家强制力保障的一体遵行的行为规范，风俗是一种人们长期形成的行为规范和处世观念，它是靠众人的聚合力自动起作用的，是长期稳定的行为规范，其本质是一个民族性格的体现，因为风俗是这个民族在某个时代或整个民族历史过程中逐步形成和演进的行为规范与风尚理念。风俗往往起着类似法律的作用，人们在风俗面前并没有反抗的自由，因而风俗具有一定的强制性，这种强制性是出于世俗的舆论压力，这是因为人们害怕被众人视为异类而不得已遵从之。当然，人们一旦接受了风俗理念，就会从内心去遵守这种风俗，而无须外在的压力。风俗是没有文字规定的法律，而法律是由官方文字固定下来的风俗，“法律是制定的，而风俗则出于人的感悟”“风俗较为固定，所以就近似法律”。风俗与法律的根本区别主要体现在，风俗不是依靠国家强制力来得以遵行的，风俗是由人的内心确定形成的一种信念，风俗是必须自觉遵从的，否则就无法与人交往了。再者，风俗是一种根深蒂固的、世代坚守的规范与信念，具有较强的社会性和稳定性。

在法治社会，风俗习惯是法治的基础与补充。卢梭认为，最为重要的法律，是深深地根植于人内心中的法律，这种法律就是道德良心，这是民族精神的集聚，是效力最大的法律。这种良知最终体现为一种风俗习惯，这种风俗习惯在人定法失灵时也仍然会起到法律的作用，“我这里就是在说道德、习俗，而且最重要的是信仰；这些未能为我们的政治理论家所认识的重要方面，正是其他所有法律所赖以成功的基础”。风俗与道德并不直接分开，而会被作为基本道德来对待，风俗与道德一样是法律所必须依赖的社会大众基础。风俗也可能带来一定的偏见，但是它和偏见一样，一旦形成就很难改变，这就是风俗的力量，“一旦习俗形成，或者偏见一旦形成，改革就逐渐变得不可救药了”。公理与风俗也具有内在的联系，公理要想得到人们的普遍遵守，就必须将其转变为人们的风俗习惯，“公理”必须变为“风俗”——“习惯”；实践的活动必须提高到合理的行为；国家必须具有一种合理的组织，然后个人的意志才能够成为真正的意志。因此，风俗要具有合理性，最佳的路径就是借助于国家的力量，由国家把公理法则培植于人的风俗习惯中。换言之，公理要转换为风俗习惯，也需要国家进行合理的组织，而这种转换的有效手段之一就是法律。

风俗与法律关系，在孟德斯鸠法的精神体系中是一个重要的法哲学话题。在孟德斯鸠看来，风俗与法律是一般与特别的关系，两者都具有法的意义，风俗是一种活在人内心中的法律，是无须国家强制而自动生效的“活法”。风俗的这种“法律”属性是不可忽视的，风俗不应当通过强制手段加以消除或改变，法律是一个国家的特殊制度，习俗则是一个国家的一般制度。因此，就不应该用法律去改变习俗。用法律改变习俗会显得过于粗暴蛮横。由此看来，风俗的效力要高于人定法，因为风俗彰显着国家的一般制度、民族的伦理根基。我们一般认为,风俗只不过是一种民族习惯而已,是一种偶然的社会现象,甚至把风俗与恶俗混为一谈,而没有从民族国家的精神层面来看待它。黑格尔是从民族和国家层面来阐述风俗的精神本质的,认为风俗是一个民族的精神积淀,是一个民族自我本质认识程度的反映,风俗也是一个民族精神特质的自然显现。而孟德斯鸠把风俗视为一种国家的一般制度,这意味着风俗具有类似自然法的意义,只不过是一个特定国家的自然法则。法律本身并不能直接解决风俗问题,因为法律主要调整手段是强制,而风俗根本上是自然形成的,法律与风俗的区别是,法律规范的对象是公民的行为,而风俗规范的对象则是自然人的行为。风俗有好坏、优劣之分,在不同政体的国家里会产生不同属性的风俗,良好风俗的国家就不需要过多的法律。风俗不宜于用法律的手段来强制改变,更不能用暴力来改变它,但是可以通过立法在政体原则允可之下来改善人们的风俗,限制一些与政体精神相背离的不良风俗。风俗与法律都是一个民族的基本精神的体现,而民族精神体现着这个民族的性格特征。

风俗与政体是相互影响的,有何种类型的政体就会有相应的风俗,而腐化的风俗往往会使政体败坏。专制之下,送礼就必然成为一种时尚与风俗,而送礼的本质是一种权力腐化,是对平等理念的一种否定,是对个人财产的一种制度性掠夺。孟德斯鸠认为,在专制政体下,贪污是一种普遍现象,而没收财产也是常见的,个人财产权是没有法律保障的,而在共和国里,没收个人财产是一种非法剥夺,是对于共和国平等原则的冒犯。平等是共和国的基本精神特质,在共和国里,剥夺一个公民必要的物质生活,便是做了一件坏事,就是破坏平等,平等是共和政体的灵魂。在专制国家里,向上级送礼是必然的事,送礼是一种习惯,送礼是迫不得已的事,而非出于某种品德,因为在专制国家里,既无荣誉又无品德;而共和国的原则是品德,良好风俗是共和国的基础。奢侈是品德的大敌,奢侈是财产不均的结果,是一种浪费,它不仅使个人的私欲膨胀,也会腐蚀社会风气,进而破坏法律,败坏社会风尚,一个被奢华腐蚀了的灵魂,它的欲望是很多的,它很快就成为拘束它的法律的敌人。因而共和国法律要限制奢侈,制定有关节俭的法律。奢侈总是伴随着生活腐化,淫乱就会变成一种普遍的风气。民主政治社会需要培养人民俭朴的习惯,需要形成朴实、勤劳的风俗,避免那种游手好闲的腐化习气,因为只有那些拥有良好风俗的民族才能作出伟大的事业,而那种坠入腐化堕落习性的民族是不可能干出什么大事,而哲学家和教育家应当肩负起培养和引导年轻人服从良好风俗的好习惯。孟德斯鸠认为,要塑造良好的风俗,就必须加强法治,而真正的法治只有在良好政体中才能构建,这种良好政体也只有在共和政体国家中才能出现,因而共和政体的核心问题就是权力制约问题,解决这一问题的关键就是权力在法治之下的合理分工与相互牵制与共同协作。从风俗与法治相互关系的角度来看,良好风俗也只有在三权分立的良好政体中才能实现,因而也可以说,风俗与法治政体之间具有相辅相成的辩证关系。孟德斯鸠的三权分立设想本来是为了防止权力腐败,但西方历史与现实反复证明,在资本主义制度下是根本不可能依靠形式上的三权分立来实现真正的权力约束的,而只有在社会主义制度下的中国才能真正实现权力制约理念,使权力规制在以为人民服务理念为根基的法治体系之内,而民法正是我国全面法治体系中的基础部门法,它对权利、权力和风俗之间的相互关系都有相应的规范与调整。

(三)民法与风俗

风俗是民法的最早渊源,而民法又反过来通过调整人们的民事活动来影响、塑造人们的风俗,风俗是一种约定俗成的被人们长期遵从的行为规则,是活着的法。习,即常态的行为;惯,即反复出现的行为。风俗是某个民族所拥有的共同习惯。风俗一般是基于一定的理念而长期形成的较为固定的行为规范,它也是人们普遍认可并具有普遍约束效力的规范,尽管它没有被明确规定为法律规则。

民法与风俗的关系主要表现在以下几个方面:首先,民法来源于风俗,民法的早先渊源是习惯法,习惯法是对于习惯的法律认可,使习惯具有了法律上的普遍性和有效性。其次,民法的最终目的就是培养良好的社会风俗,使良好法律规则变成人的一种风俗习惯。民法的使命,就是通过调整民事关系,维护民事合法权益,来塑造一种良好的社会秩序,而这种社会秩序的实质就是公序良俗。最后,我们不仅要看到民法塑造守法习惯的功能,还要注意到良好习惯是形成遵行民法规范的坚实基础。守法习惯的扩大就是文明风俗,而如果说习惯是个人性格的显现,那么社会风俗就是一个民族精神特质的体现。

公序良俗,是民法理论体系中的一个极为重要的单元,以前却并没有引起理论上应有的重视。我们现在通行的说法是,公序良俗是公共秩序和良好风俗的合称。公序良俗的本质是一个民族共同的精神风貌,是一个国家法治体系的产生根基和运作平台。风俗习惯作为一种较为固定的行为处事规范,是人们在较长时间内形成并得到人们普遍承认的,在一定程度上相当于法律的效力,而这种效力本身并不是依靠国家强制力来保证实施的,而是依靠社会的普遍压力和个人自觉来自动生效的。我国现实中就存在法律与风俗冲突的例子,例如,春节燃放烟花爆竹,生子、升学中的随礼现象。我国一些地方制定了春节禁止燃放烟花爆竹的条例,规定凡是违反规定者轻则罚款,重则要受到行政拘留,但一开始人们照样燃放,尽管燃放者少了些。禁止燃放烟花爆竹是为了消减大气环境污染,立法目的无疑是好的,但是人们长期形成的风俗并不能一时依靠法律完全禁止。当经过一段时间人们普遍理解与接受这种法律制度后,会知道这对自己和他人都是有利而无害的,就会自觉地依法约束自己的行为。有的地方规定禁止除婚丧嫁娶以外的随礼,对国家公务人员办理婚丧嫁娶的规模也作出了详细的规定,违反者要追究相关人的责任,主要是行政责任,其目的是塑造一个良好的社会风俗习惯。再如,原来的重男轻女习俗与计划生育规定的冲突。前段时间有个争议较大的案件,房屋买卖合同中卖方没有事先告知买方其房屋曾经发生自杀事件,合同履行后买方才得知这一情况,买方认为自杀是一种不吉利的事件,并认为卖方应该事先告诉他,而卖方却没有告知,构成一种欺诈,依法应该拥有撤销合同的权利;而卖方认为,自杀并非合同的必要内容,卖方没有告知此事的义务,并且认为对方把自杀当作晦气事件是一种迷信,法律不应该保护封建迷信。该案件的关键问题在于,卖方是否应该告知买方此事,如果有义务而没有告知,并影响到合同的签订的,那么就会构成合同欺诈行为。而是否有告知义务的关键是,自杀是否影响到合同的订立。对此问题有两种对立的回答:支持卖方的人认为自杀是一种事实行为,而那种认为自杀是不吉利的观念是一种迷信、一种不科学的落后思想,卖方没有告知的义务,也就不构成欺诈;支持买方主张的人认为,这不是迷信问题,其理由是,自杀在中国传统风俗里确实是极其重大的事件,一般认为这是不吉利的,是凶宅,一般理性的人是不会去购买的。客观地讲,自杀晦气的确是一种迷信观念,但这也是长期形成的一种观念,对当事人心理会造成不良影响,会直接影响到合同订立,因而卖方事先应当如实告知买方。

我们有必要区分一下良好风俗与恶习。不是所有的风俗习惯都是合乎道德和法律的。例如,挖祖坟的行为,曾经被认为只是一种不道德的行为而不是法律问题,并认为这纯粹是一种迷信现象,不属于民法调整的范围。祖坟虽然不是人的真正居所,只是埋葬去世的人的地方,但祖坟在民间被视为一种神圣之地。中国传统中有崇拜祖先和祭拜先人的习俗,敬祖如神灵,并且把祖坟视为一种风水之地,如果祖坟被人挖掘,就等于是破坏祖坟主人家的生存运气,虽然这是没有科学根据的,但它确实会给人带来精神上的不快,深深地伤害着其家人的人格尊严。因此,挖祖坟也是一种民事侵权。

法律并没有直接规定公序良俗,其中的公共秩序情形还较易于判断与把握,而良好风俗在现实中往往很难把握。在一些地方还有跪拜长者的风俗,这是一个具有一定复杂性的社会现象,本身没有恶性,但现在也都不再盛行了,只有在某些行业还保留着跪拜收徒的习俗。

不得违反法律与公序良俗的法则,其实质就是对民事权利的一种否定性保护,也是对个人民事自治的一种限制。当个人私事行为涉及公共利益与良好风俗时,就要受到一定的限制,而这时的个人私事就不完全是个人的事情了,因为私事不得妨碍人们共同生存秩序与公共道德诉求,私事不能超越公序良俗,否则就会破坏人们共同交往的良好环境,就会造成个人之间的自由冲突。因此,私权自由原则从来都是相对的,个人自由绝对不是为所欲为的自我任性,而是要顾及他人权益和公共利益的,否则就会造成他人的不自由或社会的混乱。

(四)公序良俗原则的意义与效力

公序良俗包含公共秩序与良好风俗两个方面,公共秩序是一个社会所应有的正常秩序,诸如公共场所秩序、公共文明秩序或公共利益,是多数人所共同享有的生活良好状态或环境。良俗是指良好风俗习惯和相互友善与尊敬的社会传统。良好风俗就是人们长期形成并自觉遵从的行为规范,起着如同法律的作用,如我国的拾金不昧、尊老爱幼的传统。公序良俗是人们公认的基本生活秩序,是人们之间相互交往或相处所必须遵从的秩序或规范,是人们长期以来形成的良好生活习性,是一个民族生活特征与精神特质的体现,也是传统民族习惯与当代精神创新的一种结合。

公序良俗的属性,既是一种不成文的民族社会风俗,也是人们生活中活生生的有强烈约束力的共同规则,例如,我们常说的"规矩""潜规则"。因此,公序良俗的效力与法律具有同等性,法律是人们必须遵守的,而公序良俗也是人们不得不遵守的,我国《民法典》也明文规定了公序良俗原则,人们在民事活动中应当遵循公序良俗,违反此原则的民事法律行为是无效的。公序良俗原则主要起到限制民事自治和权利滥用的作用,我国《民法典》第8条规定:"民事主体从事民事活动,不得违反法律,不得违背公序良俗。"《民法典》第143条对民事法律行为效力的法定要件中也有同样的规定:民事法律行为"不违反法律、行政法规的强制性规定,不违背公序良俗。"这是一种典型的禁止性民法规范,是对任意性规范的一种限制,体现着国家对私权自治原则的一种强制性干预。我国《民法典》继承了《民法总则》公序良俗原则的规定,这一概念在此之前只是作为理论上的一种探讨,没有任何法律规范性意义。违反法律的民事法律行为是无效的,而违背公序良俗原则的民事法律行为与违反法律具有同样的法律后果,即无效。《民法典》第153条第2

款规定:“违背公序良俗的民事法律行为无效。”这里的无效是绝对无效,与违反法律具有同样的法律后果。显然,公序良俗原则具有法律规范的效力,是民事法律行为必须遵从的。

公序良俗原则在效力上具有法律的同等效力,但是公序良俗情形又是法律没有规定的。换言之,只有在没有法律相应规定,而又侵害到公共秩序或者违反了良好风俗时,才能适用这一原则。如果法律已经规定某种情形是违法的,那么就不能再适用公序良俗原则来作为裁判的依据了。确实有一些学者把重婚、赌博作为适用公序良俗原则的常见情形,其实这是在阐明该原则在法律中的体现。从本质属性上来看,违约行为、侵权行为也都违反了公序良俗原则,但是因为已经有法律对此做了规定,那么就无须再适用公序良俗原则了。由此看来,公序良俗原则具有弥补法律空白的功能,以防止因法律某种真空而导致民事纠纷无法得到法律上的应有救济。

三、绿色原则

我国2017年颁行的《民法总则》第一次规定了绿色原则,现行《民法典》完全承继了这一原则。绿色原则,本身就是我国社会发展到新阶段所提出的新发展理念,绿色发展是新发展理念中的重要内容之一。将绿色发展理念作为民法规范的基本原则进行规制,这是我国民事立法走向成熟与完善的体现。

(一)绿色原则的立法问题

绿色原则作为民法的基本原则,主要体现的是社会整体利益,因而其功能是对民事自愿原则的一种限制,其最终目的无非是实现个人利益与整体利益的一种和谐。我国《民法典》第9条规定:“民事主体从事民事活动,应当有利于节约资源、保护生态环境。”把节约资源与保护环境纳入民法体系,并将其置于总则显要位置,这足以说明我国对绿色原则的重视程度。首先,绿色原则是对民事活动的一种约束。只要是民事活动都应当受这一原则约束,显然它不是权利性规定,而是义务性规定。其次,其内容上包括两个方面:一是节约资源;二是保护环境。节约资源,在一般情况下应当理解为,它是对民事活动行为的一种控制,要求人们从事民事活动时要节约资源。这里的关键问题是如何理解“节约”,节约本身应该是一种道德提倡,带有规劝的语气,而且对于如何衡量节约也是一个现实问题。与节约资源相对的情形,主要有两种:一种是正常合理地利用资源;另一种是浪费资源。节约资源的要求,比正常利用资源要高一个层次,而浪费资源又比正常利用资源低一个层次。由此看来,节约资源是一种较高的要求,它更倾向于一种口号式的提倡,或者说它是一种愿望性道德诉求,而非最低限度的道德要求。法律上如何衡量“节约”就具有了不确定性,因为节约与否在现实中是非常难以判断的。据此,在法律行文上可以参考如下表述:从事民事活动,应当合理利用资源,不得浪费或破坏资源。

(二)绿色原则的法源回顾

在《民法总则》颁行之前,我国《宪法》、有关行政法等法律法规对资源节约与环境保护已经作出诸多规定。

首先,我国《宪法》针对资源与环境问题的相关规定。我国《宪法》第9条对自然资源的种类与归属进行了列举式规定,“矿藏、水流、森林、山岭、草原、荒地、滩涂等自然资源,都属于国家所有”,并且规定了国家对自然资源的特殊保护措施,“国家保障自然资源的合理利用,保护珍贵的动物和植物。禁止任何组织或者个人用任何手段侵占或者破坏自然资源”。注意这里的行文:国家保障自然资源的“合理利用”,禁止侵占与破坏,而我国《民法典》的行文是“节约资源”,其节约主体不是国家而是民事活动主体,不是保障而是“有利于”。我国《宪法》第26条规定:“国家保护和改善生活环境和生态环境,防治污染和其他公害。”这里的环境有两个:一是生活环境;二是生态环境,而这两个环境都需要国家保护和改善。这里需要注意的是,一般只需要规定“保护”即可,为什么又多了个“改善”? 这说明我国《宪法》制定时已经出现环境恶化情形。保护是正面的规定,而“防治污染和其他公害”则是从反面进行的一种规制。因此,我国《宪法》有关环境保护与防治污染的规定,就是民法绿色原则的原初法律渊源和《民法典》的《宪法》依据。

其次，我国《环境保护法》《矿产资源法实施细则》中的相关规定。1989年颁布的《环境保护法》第6条规定："一切单位和个人都有保护环境的义务，并有权对污染和破坏环境的单位和个人进行检举和控告。"这里的保护环境义务是一切人都必须承担的义务，当然也是一切活动都必须遵行的行为规范，这当然也包括民事活动。任何人都有对污染和破坏环境者进行检举和控告的权利，这说明这种违法行为不仅是一般的民事侵权行为，还是行政违法或刑事犯罪行为。因此，保护环境不仅是一个民法问题，还会涉及行政违法与刑事犯罪问题。由此看来，保护环境早在1989年就应当是民事活动应当遵循的一般行为规则，并且是禁止性规范，即任何民事活动都必须遵守的民事规范。只是这一规范还没有在当时的《民法通则》中加以明文规定。我国1994年颁布的《矿产资源法实施细则》第17条对合理利用和保护矿产资源进行了相关规定，探矿权人应当"遵守有关法律、法规关于劳动安全、土地复垦和环境保护的规定"。该实施细则第31条规定，采矿权人应当"有效保护、合理开采、综合利用矿产资源""遵守国家有关劳动安全、水土保持、土地复垦和环境保护的法律、法规"。这里就明文规定了探矿人和采矿人应当遵守环境保护的法律，而这些探矿人和采矿人可能就是合同当事人或他物权的取得人，因而也就是民事活动主体。这些相关民事主体必须履行"有效保护、合理开采、综合利用矿产资源"的法定义务，并且这些义务是强制性规范，而非任意性的规范。这也可以说是早期的民事绿色原则的法律渊源之一。

最后，除了我国《矿产资源法实施细则》《环境保护法》等法律法规外，我国《民法通则》也把环境污染作为一种特殊侵权进行了明确的规定。

总之，不能说我国《民法典》规定绿色原则之前，我国就没有禁止破坏和保护资源环境的规定，更不能说那些规定对民事活动没有法律上的约束力。现在似乎有一种观点认为，我国《民法典》第一次规定了民事活动不得破坏资源环境的禁止性规则，而对以前的保护环境实现绿色发展的诸多法律规范视而不见,给人的印象是,好像现在我国才开始保护环境。当然,明文把保护资源环境作为民法的一个基本原则进行规定,在我国现代民法史上还是第一次,并且近年来我国自然资源有效利用和环境保护方面取得的显著成果,也是有目共睹的。

(三)绿色原则与民法体系构建

为了更好地保护资源与环境,解决长期以来积累的资源浪费与环境污染问题,我国《民法典》在总则编中,把绿色原则列为民法的基本原则。尽管绿色原则现在已经成为民法的基本原则,但是如果没有科学有效的具体保障制度,那么这一原则也可能沦为一句美丽的口号。可以从以下几个方面提供具体保障制度。

首先,我国《民法典》中的绿色原则需要进一步准确化。建议从以下几个方面着手:第一,一切民事活动都必须遵守有关资源环境的法律法规,把合理利用资源和保护生态环境明确规定为民事主体的一般法定义务。第二,明确规定任何违反绿色原则的民事活动都是无效的。现行《民法典》并没有明确规定绿色原则的效力问题,这方面应当参照公序良俗原则效力的规定,即违反公序良俗原则的民事法律行为无效。第三,在总则的时效制度中,明确规定违反这一原则的民事责任追究与索赔不受诉讼时效的限制。

其次,处理好绿色原则与其他民法基本原则的关系:第一,绿色原则与诚实信用原则的关系,两者有时很难区分,例如,当事人没有尽到环境保护的诚实告知义务,这既违反了诚实信用原则,也违反了绿色原则;第二,如何理解与把握绿色原则与公序良俗原则的关系。有学者把绿色原则纳入公序良俗原则,认为前者是从后者自然延伸出来的,把违反绿色原则视为违反公序良俗原则的一个方面。这在逻辑上似乎有道理,但是这种看法忽视了绿色原则的独立性和应有价值,也不利于绿色原则的现实适用。

再次,在《民法典》的各种民事制度中都应当适当地体现绿色原则。人格权、物权、合同、侵权责任、知识产权等都要尽量地体现这一原则,落实绿色原则,对社团自治、所有权神圣、合同自由、遗嘱自由等进行必要限制,主要是经由民事法律行为的效力判断实现的。在具体情境中实现绿色原则对民事法律行为效力的影响,需要立法者供给更多具体规则,也需要裁判者积极探索。有人建议在《民法典》人格权中增加环境权与健康权,并在环境权下面扩展出环境保护权、环境健康风险防范权等,《民法总则》绿色原则反映了生态文明建设的时代要求,在人格权编中确认良好环境权,是以公众健康为目的的环境保护制度完善的重要方面。这种良好环境权就是具体的环境人格权。有人建议在《物权法》中引入环境物权概念,并增加环境要素物权;在相邻关系等制度中突出环境保护,体现绿色原则,使用"将环境物权纳入用益物权编等方法来构建环境物权"。绿色原则不仅需要实体法的全面确认,更需要通过行政、司法等实践加以严格贯彻落实。

最后,完善现有诉讼法,更好地维护绿色原则:一是应当完善诉讼时效制度。我国《环境保护法》第66条规定:"提起环境损害赔偿诉讼的时效期间为三年,从当事人知道或者应当知道其受到损害时起计算。"这是直接规定环境污染损害赔偿的民事诉讼及其时效的情形。但是,环境污染、破坏资源的严重危害行为,其诉讼时效不应当限于三年,而应当不受时效限制,只有这样才能更好地防止破坏资源环境的侵权行为。二是加强公益诉讼在维护绿色原则中的特有作用。针对环境侵权问题,除了一般民事诉讼以外,又出现了一种新的诉讼形式,即公益诉讼。三是完善民法与刑法的制度衔接,使两者更好地相互配合,避免以民代刑现象。以民代刑的做法,客观上并没有起到彻底禁止严惩违反绿色原则的违法行为,而如果只追究刑事责任而忽视民事责任,同样既不利于绿色原则的有效遵行,也不利于受害方合法权益的有效保护,因而必须把民法与其他法律有效衔接起来,相互配合来共同维护绿色原则的普遍遵行。

第六章 民法宗旨的系统论解构

第一节 民法的宗旨

一、民法宗旨概述

我国《民法典》第1条就表明了民法的立法宗旨:“为了保护民事主体的合法权益,调整民事关系,维护社会和经济秩序,适应中国特色社会主义发展要求,弘扬社会主义核心价值观,根据宪法,制定本法。”该条是一种宣示性条款,公开声明民法是干什么的,表明民法的立法宗旨。《民法典》的其他所有条款都是围绕该条展开的,整个民法体系的构建就是以此为核心,都是为了实现这一条的总要求。因此,民法的宗旨,就是民法的灵魂,彰显着民法的根本精神,是整个民法体系的根基。只有全面理解民法的宗旨,才能从根本上把握民法体系的总精神。

所谓的宗旨,就是指一事物存在与发展的根本目的,是其生命所负载的终极使命,也是这一事物存在的合理根据。依据亚里士多德的四因说,一个事物存在的基本依据是由四个原因构成的,即目的因、动力因、形式因与质料因,而目的因是事物存在与发展的根本依据,它决定着其他三个原因,也决定着事物的根本属性与存在方式。一个事物与他事物的根本区别,就在于其宗旨的特征性,一个人是这样,世界万物无不如此,法律当然也是这样。某一事物如果失去了其应有的宗旨,那么该事物就不再是其本身了,就会异化为他物,原本的它就会走向衰落死亡。

民法的宗旨,是指民法所承载的基本使命。民法的宗旨决定着民法的根本精神与规范体系之设定,如果民法规范偏离了民法的宗旨,那么这一民法规范也就违反了科学立法之原则,也当然不是良法了,它就必须予以修改或废除。民法的宗旨并不是由单一要素构成的,而是由多个要素构成的完整系统,它至少包括保护民事权利、维护社会秩序、弘扬社会主义核心价值观等方面。保护民事权利是民法的基本任务,民法同时还肩负着维护整个社会秩序、弘扬社会主义核心价值观和促进国家全面发展的使命。可以说,民法的宗旨是由个人权利、社会公利和国家发展三个方面构成的完整系统。

民法的宗旨决定着民法的基本属性。换言之,民事的基本属性可以从民法宗旨中推演出来,从民法保护民事权益这一基本宗旨中,可以推导出民法的私法、权利法和基本法等属性。或者说,民法的基本属性只有放在民法宗旨中,才能得到更好的理解与把握。民法与社会主义市场经济的相互关系、民法与社会主义核心价值观的相互关系等基本问题,只有联系民法宗旨才能全面理解。

总之,我国《民法典》开门见山宣示了民法的根本宗旨,表明民法承载着如下主要任务:保护民事主体的民事权利、维护社会经济秩序、弘扬社会主义核心价值观等。因此,民法宗旨是由多个具体任务构成的完整系统,呈现出权利、秩序、价值观的"三位一体"范式。

二、权利、秩序、价值观"三位一体"

任何一部法律的宗旨,都集中体现在这部法律的第一条,该条是对这部法律基本任务的集中宣示,而法律的基本原则和法律规则制度都是这一条的具体展开。

从我国《民法典》第1条可以领悟到民法任务的系统性。民法的任务主要体现在保护民事权益、维护社会和经济秩序、弘扬社会主义核心价值观等三个方面。这三个任务在民法中的地位是不同的,保护民事权益是民法的基本任务,其在民法任务系统中居于核心位置,体现着民法的根本精神,彰显着民法的私法属性或权利本位;维护社会和经济秩序的使命,体现着民法维护公共利益的使命,彰显着民法的公共品性或社会意义;而弘扬社会主义核心价值观,是民法所肩负的维护公共道德使命,彰显着民法的价值导向。这三个任务是相互促进和相互制约的辩证统一关系:一方面,保护好民法权益,是维护社会和经济秩序的前提,也是弘扬社会主义核心价值观的基本要求与体现;另一方面,三者之间也存在着相互冲突的情形,因而如何协调好三者的相互关系,是民法发展历史中一直存在的基本问题之一。民法的任务是维护个体权利与维护社会利益的统一。个人权利与社会利益,何者应为法的价值本位问题,自古至今一直是法学理论争论的热点话题。凡是把保护个人权利作为法的首要任务的理论,就是自由主义法学,而凡是把维护社会利益作为法的首要任务的,就是社会法学。古罗马时就有私法与公法之分的理论,西方近现代也有个人自由主义法学与社会法学流派。我国是社会主义国家,我国在民事立法上采用的是个体权利与社会利益相统一的法则,强调保护个体合法民事权益是民法的基本任务,而维护社会与经济秩序、弘扬社会主义核心价值观是民法的最终目的。我国民法立法任务的哲学依据,是特殊性和普遍性相统一原理,国家社会普遍性中包含着个体合法权益特殊性要求,而个体特殊性也不得违反普遍性法则。一方面,民法是确认与保护民事权利的基本法,民事主体的人身权利和财产权利得到民法的全面确认和平等的保护;另一方面,民事主体行使其权利时,也必须不得违反社会公共利益和国家利益,不得违背社会主义核心价值观。当我们说到民法的使命时,有时只是把民事权利保护作为民法的唯一目的,而民法所承担的社会使命往往被忽视。民法保护民事权益的终极目的,是维护整个社会与经济秩序和弘扬社会主义核心价值观,塑造一个理想的社会和国家。这涉及民法系统与社会其他系统的相互关系,诸如民法与市民社会关系问题,民法与社会主义市场经济关系问题,民法与社会主义经济制度关系问题。民法所承担的弘扬社会主义核心价值观的任务,是前两种任务的一种精神根基。民法保护民事权利和维护社会秩序,本身就体现着我国当代的社会主义核心价值观。同时,这种社会主义核心价值观又指导着民事立法与民事活动,是民事活动必须遵从的基本原则。民法所规定的自愿、平等、诚信、公平等基本原则,就是社会主义核心价值观在民法上的直接表述。凡是违反社会主义核心价值观的民事行为,就不会得到民法的承认与保护,在其法律效力上就必然是有瑕疵的。

三、民法的概念

我国通常将民法的概念表述为,民法是调整平等主体的自然人、法人和非法人组织之间民事权利义务关系的所有法律规范的总和。这是我国较为流行或通用的民法定义。从这个表述可以归纳出民法的以下特征。

第一,民法的主体,是自然人、法人及其他非法人组织。行政、司法等机关或人员在民事法律关系中,也只能作为民事主体而不能以官方主体出现,如果以官方主体出现,那么就不是民法主体。

第二,民事主体之间是平等的。这个平等包含两个方面的意义:①民事主体之间的法律地位是平等的,任何一方当事人都不隶属于另一方,双方或多方之间不是命令与服从的上下级关系,谁也不能命令谁;②每个民事主体都拥有平等的民事权利,每个人的民事权利都得到民法的平等保护;③民法调整对象具有特定性。民法的调整对象是权利义务关系,包括人身关系和财产关系,其核心分别是人身权和财产权。

以上民法概念,是我国长期以来最为流行的一种表述,我们可以将其归属为民事关系式的民法概念。这一概念突出了民法的调整对象,声明了民法的调整范围,这就把民法与其他法律从适用范围上区别开了。但是,这一概念并没有把民法的真正宗旨与任务全面准确地表述出来,因而这种以调整对象为主的定义是不完全科学的。一个事物的概念或定义,应当是对这一事物的本质及其主要特征的高度概括,或者说是对这一事物的目的及其实现的准确定位,而民法的概念应该是对民法的目的与实现的全面表述。民法的目的与实现,就是民法的宗旨或任务及其实现手段,民法是保护什么的、维护什么的,是通过什么手段来实现这些宗旨的。

从我国《民法典》第1条规定来看,民法的概念应该是:民法是通过调整民事法律关系,来保护民事合法权益、维护社会秩序、弘扬社会主义核心价值观、促进中国全面发展的基本法律规范。可以把这一概念简化为,民法是调整民事法律关系,保护民事权利和维护社会秩序价值的基本法。与前面的民事关系式概念相对应,这个民法概念可以归属为宗旨式民法概念。前者更注重民法的调整对象,而后者则更加突出了民法的基本功能。通常人们都把前者作为民法的概念,而很少把后者作为民法概念的一般表述,这与长期以来我们把法律关系作为部门法划分标准的观念有关。但是,我们认为民法的概念应该是对民法宗旨的一种高度概括。民法的概念应当从民法宗旨中得以概括,即民法就是保护民事权利、维护社会与经济秩序和弘扬社会主义核心价值观的基本法。

第二节 保护民事权利

一、民法的基本使命

我国《民法典》开门见山地宣示了民法的首要任务是"保护民事主体的合法权益",这是民法所要完成的基本使命。我们前面说过,一个事物的使命决定着该事物的基本属性,是其区别于其他事物的本质特征,因而它也应该是这一事物概念的核心内容。我们从民法的基本任务,可以推导出民法最简化的定义:民法是保护民事权利的基本法。同理,当说到是什么刑法时,我们也会从刑法的基本使命中推导出刑法的定义,即刑法是指有关定罪与量刑的基本法,其基本任务就是确定什么是犯罪、犯了何种罪以及应否处以刑罚和处以何种刑罚的法律规范。我们也可从两者的使命来区别民法与刑法,并总结出各自的根本特征或属性,这主要体现在民法是保护民事权利的法，而刑法主要是惩罚犯罪的法。同样，民法保护民事权利的使命，也是其与行政法的根本区别。行政法的理念是义务或职责，履行法定义务或职责是行政法的核心要义。行政法是有关命令与服从关系的法，违反行政义务或职责就可能受到法律的处罚。行政权的本质是义务而非权利，因为权利可以放弃，而义务或职责是不能放弃的。

《民法典》总则编规定了民法的基本任务，即保护民事主体的民事权益，同时也集中规定了“民事权利”的具体种类、取得、行使等。而《民法典》各个分编，分别规定了民事主体所享有的各种具体的民事权利与保护制度。在《民法典》出台之前，《合同法》第1条规定了“为了保护合同当事人的合法权益”；《物权法》第1条规定了“保护权利人的物权”；《侵权责任法》第1条规定了“为保护民事主体的合法权益”。这些法律的第1条均规定了保护权利。《民法典》在第1条集中规定了民法的基本任务，“保护民事主体的合法权益”，而各分编就未规定各自的基本任务，这可能是出于避免行文上重复的考虑。总之，保护民事权利是民法的“本职”，离开这一本职，民法就失去了其基本属性，它也就不再是真正的民法了。

二、保护民事权利的主要体现

民法是专门系统确认与保护民事权利的部门法。抽象地讲，民法平等地适用于一切自然人、法人和其他组织，所谓民法，即适用于全体人的法，是一个无等级社会的法。民法是确认与保护所有民事主体合法权益的基本法，民事权利就是民事主体基于对自身利益的享有和对物的占有等所依法产生的基本权利。民法是个体私权的“宪法”，是人作为人所享有的最为基本的人格权、物权、交易权、家庭婚姻与继承权和受害救济权等民事权利。

第一，民法的首要任务，就是全面确认民事权利。民法要保护民事权利，就必须系统全面地规定民事主体应当拥有哪些民事权利。民法由此而享有权利基本法的美誉。权利是人作为人在法律上的承认与保护，权利只有在人与人之间才会显现出来，而民法是全面体现和平等保护民事权利的专门法律。因此,如果离开民事权利的规定,那么民法就只是一个空洞的外壳,也就不再是民法了。民法既是民事权利的总清单,也是人民安全和幸福的担保书,而民事权利的最终担保人是国家。民事权利的确认程度、侵害程度与维护程度,是衡量一个国家法治水平的试金石。实现民法使命的关键,在于政府权力的整体良性运作和司法公正裁判。民法的整个体系都是以民事权利的确认与保护为起点和最终归宿的,而刑法是防止与惩罚侵害公民、法人、社会和国家利益的犯罪行为的基本法,其最终目的也是保护个人、社会与国家的根本利益与安全的;同理,行政法、各种诉讼法都是以保护个人合法权益与社会国家公共利益为宗旨的。民法不是保护实现民事权利的唯一法律,却是全面系统确认和保护民事权利的基本法律,这就是民法所特有的功能,但要全面实现这一功能,仅依靠民法还是远远不够的,还需要其他法律的配合;这就是民法的功能及其局限性的基本表述。

我国《民法典》不仅开篇就声明了保护民事权益,而且在总则里专门有一章规定了民事权利。在我国《民法典》分则中又专门设立一编全面规定了人格权,这是我国《民法典》编纂上的一种独创,这也表明我国对于人格尊严与人格自由的重视程度。物权编撰专门系统规定了个体对物的享有权,合同编是民事权利的设立与转让的法律制度,而家庭婚姻法律制度是民事主体基于家族与婚姻关系而享有的身份权与财产权。

第二,民事法律行为,是民事权利设定的基本法律事实。民事法律行为是设定民事权利的最为基本的法律事实,这是相对于事实行为、事件或状态等法律事实而言的。民事主体参与民事活动,最终目的是通过其民事法律行为来实现其欲求的民事权利。民事法律行为也需要一定的规则,这是民事主体相互交往的基本行为规范,是形成良好法律秩序的基本保障。民事法律行为规则的本质,就是对民事权利的尊重,而起码的尊重就是不伤害和诚实对待,例如,暴力与欺诈就是对民事权利的一种不尊重,于是民法就明文规定了因为暴力和欺诈所致的民事法律行为是可撤销的或者是根本无效的。

第三,民法构建了系统的民事权利保护制度。我国《民法典》的侵权责任编，是对侵害具体民事权利的一种法定救济制度，是对所有民事权利提供全面保护，这种救济包括自力救济与公力救济。自力救济在法治不健全时期是维护民事权利的最为有效的方式，现实中曾经出现各种自我维权的方式，有的用上访的方式，有的用所谓“闹事”的方式，有的甚至寻求所谓的黑社会人员讨债，或者用杀人、绑架、暴打等违法方式，还有用跳楼、喝药等自绝方式来讨债的。这说明什么问题？根本上说明法治程度还相当不成熟，法律还不能全面保护公民个人的基本权利，因而民事主体往往寻求自己认为最为有效的维权方式，甚至只是来宣示一下保护自己权利的意志与无奈悲情，并以此引起国家与社会的关注或呼唤国家权力的救济职责。民法个案的悲剧，不仅是个人的不幸，而且是法律不健全和法治不完善所显现出来的一种法律现象。随着我国全面法治建设的逐步推进，这种个案悲剧现象已经得到根本上的遏止，人民的合法权益得到了法律更为全面的保护。在中国全面构建现代法治的当今，自力救济是受到法律的严格限制的，只有在无须公力救济或者公力救济暂时无法提供的时候，法律才允许个人进行自力救济。自力救济就是依靠自己的力量来保护自我的民事权利，如正当防卫、紧急避险等，但是这些自力救济也不得超过必要限度造成不应有的危害，否则要对这种不必要的危害负民事责任。另外，我国还规定了民事权利行使的基本原则及其限制等内容。在建构现代化法治中国的伟大工程中，民法所承担的保护民事权利的使命显得愈加神圣，因为民法作为民事权利保护的基本法可以说是我国全面法治体系的奠基石。民法不仅承担着保护个人民事权利的任务，还负载着维护社会和经济秩序的使命。

第三节 民法与市场经济、市民社会

一、民法与市场经济

民法是建立在一定的经济结构基础之上的法律系统，民法与市场经济是两个相互独立的社会子系统，同时又是联系最为密切的两个系统。市场经济，是以合同为基本纽带的经济模式，而契约自治是市场经济的基本原则，是受到民法规范和调整的法治经济。因此，成熟的市场经济是一种民主的、自由的、法治的现代化经济模式，它是相对于传统计划经济而言的。

第一，从宏观上来看，两者是经济基础与上层建筑的关系。一般而言，经济基础决定上层建筑，同时上层建筑又体现并服务于经济基础。市场经济是相对于计划经济而言的，计划经济体制下国家是市场规划行为的决定者，国家是唯一的经济主体，不存在竞争，也就根本不需要所谓的合同法，而生产主体、生产种类、产品价格都是由国家规定的，生产成果也直接归于国家。我国的基本经济制度是社会主义公有制，而经济运行方式已经转化为社会主义市场经济，而市场经济必然需要法律来调整，而不是仅仅依靠行政命令来管理。

我国经济体制改革，其目的就是要构建一种完善的市场经济模式。我国所要构建的市场经济体系，既具有一般意义上的自由法治经济的特征，又要突出我国市场经济体系的独有特色。为什么我国民事立法中必须坚持在市场经济前面加上“社会主义”？这是因为我国所要构建的市场经济是社会主义性质的，是基于我国公有制基础之上的多种经济主体并存的市场经济，这与西方完全私有化的市场经济体制存在根本差异。关于“社会主义”的规定，在之前颁行的《合同法》《物权法》都进行了相应的规定，《合同法》规定“促进社会主义现代化建设”；《物权法》规定“为了维护国家基本经济制度，维护社会主义市场经济秩序”，完整地表达了我国的市场经济性质，即“社会主义市场经济秩序”，同时在其前面又用了“国家基本经济制度”，显然这两个语句是为了强调《物权法》的社会主义属性，以区别于资本主义的物权法性质。什么是国家基本经济制度？什么是社会主义市场经济秩序？两者又有何种联系？为什么《物权法》对于社会主义性质如此强调？而《合同法》与《侵权责任法》为什么没有如此全面地规定社会主义市场经济与社会主义基本经济制度?《物权法》制定之前我国学界关于这一问题进行了长时间的争论，但最终还是把社会主义加在了市场经济前面，并强调市场经济的社会主义性质。这是因为《物权法》是规定物或财产归属问题的，物权主体到底是只有个体一种，还是存在集体或国家多种？我国是以公有制为基础的多种经济成分共存的经济制度，本质上是社会主义经济制度，这与西方完全私有化的典型资本主义制度是存在根本区别的。与此同时，要明确的是，我国的经济运作形式，是计划经济前提下的市场经济体系，市场经济只是实现社会主义经济制度的具体手段。两者并不冲突，是完全能够结合在一起的。

当前我国的《民法典》也确认了中国特色的社会主义市场经济体制，因为只有这种建立于公有制基础上的市场经济模式，才能真正实现以人为本的现代法治理念，才能构建真正意义上的自由、平等、正义的市场经济。这也决定了我国民法的社会性质，民法也必然地要体现中国特色社会主义，促进私人权利和社会公共利益的共同协调发展。但是，长期以来存在的突出问题是，如何使市场自由与国家干预实现真正的平衡，这是一个国家智慧发展程度的体现，正如西塞罗所云，法律是成熟智慧的结晶，或者是成熟的理性。民法也必须把社会主义与市场经济相结合作为其立法的基本原则，民法的立法宗旨就是在维护民事权益的基础上使个体权利与社会公共利益统一起来，避免个人权利与社会公共利益的冲突。市场经济就必然催生现代化的市场法律体系，要求法律为其提供安全保障。总之，有何种经济运行模式，就必然要求何种法律与之相适应，社会主义市场经济也必然呼唤有我国特色民法体系的制定与完善。

第二，从系统论角度来讲，两者是经济系统与法律系统的关系。经济与法律都是相对独立的封闭系统，两者都有自己独特的功能使命与结构体系。同时，法律系统在其发展过程中会把一些经济运行要素纳入自己的系统，即经济运行要素的法律化。经济要素的法律化，不仅是法律系统自我发展的结果，更是经济系统发展的自身需要。当然，并非所有的经济运行要素都要转化到法律系统中，只有那些需要法律来确认与保护的经济运行要素，才会被纳入法律系统，成为法律系统的一个小系统。这些法律化的经济运行要素包括经济主体要素、行为规则要素、运行保障要素等，而这些经济要素的法律化过程就是市场经济走向法治化的生长过程。这就是法治经济，这种法律就是市场经济法律化。市场经济最为基础的法律就是民法。需要注意的是，除了民法以外，市场经济的基本法律还有反不正当竞争法、反垄断法等法律。

第三，市场经济需要民法规范。市场经济的运行，是依靠每个市场主体的自我决断以及市场主体之间相互交换来实现各自利益的。在经典市场经济理论看来，市场经济的每个主体都被假定为理性人，每个市场主体都是一个独立的市场理性主体，都是追求自己利益最大化的效果判断者、行为决定者、责任承担者。这种理性主体最了解自己的市场利益与经济能力，因此只有他才是自己市场行为的最佳决定者，无须他人的命令与支配。任何市场主体都享有免于他人非法干预的自由，即理论上的消极自由。亚当·斯密认为，市场经济的运行主要受到“两只手”的影响，市场之手和政府之手。前者是自发起作用的，因而被视为一种无形的手，而政府之手则是通过权力干预来实现的，因而被视为看得见的手。在完全自由竞争的市场经济状态下，政府之手被严格限制在维护市场主体利益免于伤害的范围之内。当代市场经济不再是完全自由放任的经济形态，而是在国家权力适度干预下的市场经济。因为西方早期的完全自由经济体制已经日益暴露出资本主义市场经济的固有缺陷，这就是所谓的完全自由必然导致不自由。市场经济的每个主体都在追求各自的利益最大化，这就带来了一个问题，即社会公共利益得不到市场主体的应有重视，而且长期的自由竞争最终导致了垄断，而垄断必然严重破坏市场自由竞争法则,最终导致市场经济的无序竞争与恶性竞争,严重阻碍着市场经济的良性有序发展。西方至今仍然在经历着根深蒂固的全面社会危机,其根本症结就在于其畸形的市场经济模式。我们所构建的市场经济是建立在社会主义制度之上的,是个人自由权利与社会整体利益相统一的新型经济模式,是完全能够克服和避免西方极端市场经济所犯的错误的。

市场经济在本质上是自由式经济模式,每个市场主体都依据自己的意愿参与市场活动。但是,这种自由式经济并非不需要法律规制与保护,因为如果没有系统的市场法律来规范与保护,那就必然导致整体经济秩序的混乱,最终会引发暴力与欺诈的横行。因此,凡是市场经济,都必然地需要系统的法律规则来规范。只不过市场经济法律在市场经济早期与现代发展中的使命、目的是不完全相同的。在市场经济初期,民法的使命是保护民事主体的民事权利,并且这是民法的唯一使命,国家权力超过这一界限就是权力暴虐。而当代民法的使命,除了原初的任务之外,它还承载着维护社会整体利益与公共秩序的使命,突出了国家权力对市场行为的适度干预的合法性,从而最大限度地缓解市场个体行为与社会公共利益的冲突。总之,市场经济是民法的根基,市场呼唤民法,因此,民法要全面地反映市场经济自由平等合作与竞争的基本要求,促进市场经济的良性发展。

第四,民法本身就是市场经济的基本法之一。民法从以下方面为市场经济提供完整系统的规则体系。民法总则规定的宗旨与基本原则,是市场经济运行必须遵行的基本法则,反映着市场经济的基本价值导向。民法总则规定了民法保护民事权利、维护社会与经济秩序、弘扬社会主义核心价值观等的基本使命,系统地规定了平等、自由、诚信等民法基本原则,为市场经济指明了基本方向,市场行为不得违反这些任务与原则,否则国家不予以保护,民法把欺诈、胁迫等行为所致的民事法律行为规定为可撤销的或无效的,甚至还要追究行为人的其他法律责任。民法总则规定的民事主体制度,也是市场主体必须遵守的一般规定,尤其是法人制度是市场经济中最常见的主体种类。民法将民事主体细分为自然人、法人和非法人组织,这也为市场经济主体准入制度提供了基本准则。市场经济首先要求法律确认民事权利的合法性,因而民法要全面系统地确认民事主体所应当享有的民事权利。从民法基本任务上说,我国民法是维护人的基本民事权利的法律,是全面建成小康社会和法治社会的主要法律之一。从民法与中国特色社会主义市场经济的关系上来看,民法为市场经济构建了基本的法治框架,规范市场主体制度,制定物权确认与保护制度,设置市场交往基本规则体系,还为工业产权和著作权等知识产权提供了制度保障。物权制度与契约制度是市场经济构建的两个基本前提,物权的获得是市场经济行为的基本目的,而物权获得与财产增值则主要是通过契约关系来实现的。特别需要注意的是,我国《民法典》把人格权作为单独一编进行规定,与物权、合同、侵权等并列成为独立的一种基本民事权利。这说明了我国对人格权的重视,同时也是市场经济的基本要求之一,因为只有市场主体拥有独立的法律人格,才能够保障市场运行者的法律地位。当然,市场主体的人格权有其独特的一面,但其主体权利精神与一般民事主体精神是相通的。民事法律行为与代理制度、民事责任制度以及时效制度也为市场行为提供了基本的规则标准。

民法的物权制度、合同制度等,也全方位地为市场经济提供了财产权利的保障制度和市场交往的一般规则。合同关系是市场经济运行中最基本的法律关系,合同法律规范是市场经济的最基本的法律制度。市场经济在动态上是市场主体之间通过合同关系来实现各自权利的合作与竞争关系。供求交换关系在本质上都是权利的相互转移的合作关系。合同关系是市场经济的基本关系,因而合同是联系市场主体的纽带。自由、平等交换需要法律来提供规范体系,维护市场经济的正常合理运行,保护市场主体的正当利益。合同关系是市场经济关系的主要内容,合同把每个市场主体联系起来。合同关系本质上体现着平等、自由的现代法治理念,体现着真正的民主精神。这些法则的核心精神就是合同主体之间的相互尊重与真诚合作,也是私事自治原则的体现。凡是权利的交换与义务的履行,都必须是建立在合同双方或多方主体的协商一致基础之上的,而非任何一方强制他方屈从于其意志之下的强权关系,民法不承认那种强制交易行为的法律效力。因此,市场经济是自治的民主经济,合同法必须体现平等、自愿等基本的合同法则。从这个意义上讲,合同法表明市场经济是民主与法治相统一的经济模式,同时我国市场经济也必须体现自由、民主、平等现代化法治所要求的基本精神。民法的平等、自愿等基本原则来自市场经济的基本需求。例如,电信服务商与个人消费者之间、用工单位与雇工之间的合同,都是一种格式合同,可能存在形式平等而实质不平等的情形,因为一方易于滥用其资源优势地位或者信息不对称地位,而弱势方只有同意与不同意的“自由”,而没有讨价还价的“自由”。针对这种易于产生违反平等、自愿、诚信和公平原则的格式合同,民法作出了格式合同无效的情形。另外,民法通过违约责任制度和侵权责任制度的设置,来为市场经济提供有效的保护。民法不仅规定了侵犯一般民事权利的责任承担原则与形式,也规定了具体的违约责任制度、侵犯知识产权责任制度,这些规定都直接地为保护市场主体的民事权利和维护市场经济良性运行提供了系统的法律保障。

市场经济要处理好市场自由与政府干预的关系。市场经济的自由竞争规则,在民法中主要集中体现在民事自愿原则,而自愿原则体现在两个方面:一是市场主体之间互不强制;二是市场主体免于政府的非法干预,以保障市场主体能够真正做到自主经营。但市场自由发展,往往会导致垄断的产生并最终阻碍市场自由,所以政府适度干预市场行为是必不可少的手段。但是,经验告诉人民政府权力干预又往往会滋生权力滥用,因而如何干预,干预到何种程度,这是当代法治建设中的重大难题之一。市场法治化就是寻求个人权利与国家干预权之间的一种平衡,以求最大限度地促进市场经济的真正自由发展。因此,合同法、反垄断法和反不正当竞争法被称为市场经济的“龙头法”。国际上还有个别国家声称不承认我国完全的市场经济国际地位,其实当代的西方也不存在完全自由的市场经济形态,大多数国家已经大大加强了权力对于市场自由的干预,以最大限度地保障社会整体秩序的和谐,但是西方没有哪个国家能够真正做到政府依法适度干预市场自由的，而西方经济危机、政治危机以及道德危机不仅从未消除，而且此起彼伏、愈演愈烈。这也为我国民法的逐步完善提供了反面的素材，同时我国民事法律的立法演进也不断地满足我国市场经济的改革与完善的合理需求。

二、民法与市民社会

有人将民法视为文明社会或市民社会的基本法。市民社会和市场经济虽然在内容上是相近的两个概念，但在性质上两者是根本不同的概念。市场经济是相对于计划经济来讲的，市民社会则是相对于公民社会或自然状态来讲的，有时是相对于家庭与国家来讲的。古罗马时期就有了市民社会的概念，它是相对于家庭和公民社会而言的，这里的市民一般是指自由人，因而那时的市民社会与近现代的市民社会概念在性质上是完全不同的。古代的市民社会是少数人的社会，而在近代自然法学理论中的市民社会是所有自然人的社会，它是相对于自然状态而言的，指的是通过社会契约而制定法律、成立政府、组成国家的文明状态。而在德国近代经典法哲学理论中，市民社会是相对于家庭与国家而言的。黑格尔认为，家庭、市民社会和国家是三种基本的伦理实体状态，而在家庭、家族、氏族里，每个家庭成员都没有独立的法权人格和财产权。个人从家中走出来，进入市民社会，就好像是从温暖的家中被抛出似的，但获得了独立的法律人格。在黑格尔看来，市民社会是以法律为纽带的法权社会，人与人之间是纯粹的法律关系，在这里每个人的人格权利和财产权利都得到了法律上的承认和保护，人们之间的相互需要与满足是通过契约关系而得以实现的。所有权、契约和不法，是市民社会三种基本的抽象法，而这些抽象法就相当于今天的物权法、合同法与侵权法和刑法。虽然每个人在市民社会都获利了独立的法权人格，但是人们失去了家庭中的爱，人们之间纯粹是冷冰冰的法律上的权利义务关系。市民社会还有一个天然的缺陷，那就是个人自由往往是与社会公共利益相冲突的，个人特殊性与社会普遍性之间存在着天然的张力。为了克服这种家族和市民社会的缺陷，国家就必然出现了。一个成熟的现代国家，是超越了家族和市民社会两种实体并将两者的优点统一于国家自身。黑格尔提出了新型的国家标准,真正的国家是整合了家庭与市民社会的伦理实体,成熟的国家必然是爱与法律的统一,国家的基本原则是普遍性与特殊性的统一。黑格尔批判那些把市民社会当作国家的观点,指出市民社会式的国家不是真正的国家形态,只是个人自由的乐园而非个体与整体统一的国家形态,在当代的法社会学理论中,市民社会被认为是陌生人之间相互交往的社会,是基于一定的地缘而非亲情关系而生成的,每个人都是独立自主的社会人。这里的市民社会是相对于熟人关系的组织而言的,这种熟人关系有合伙关系、法人内部关系等。在熟人社会里,人们之间的关系不是依靠法律关系来维系的,而是依靠内部服从和友爱共同来维持的。

市民社会自古以来就是一个有多重含义的概念,也是一个有争议的概念,因而它没有一个统一的概念。市民社会在我们国家也是一个存在争议的概念,一般而言,人们往往把市民社会与社会概念视为同一概念,也有人认为我们国家不应该存在市民社会的概念,并且认为我国从来就没有过市民社会,只有公民社会,还认为市民社会是资本主义国家理论所专有的概念。不论我们是否承认存在市民社会,我们都不得不承认我国《民法典》承担着维护社会秩序的使命,这是我国《民法典》明文规定的。这里的社会秩序是民法所维护的对象,民法所追求的理想状态就是经过民法规范调整后所要形成的稳定和谐的社会状态。在这个社会秩序中,每个民事主体的民事权利都得到了应有的保护,每个民事主体在行使其民事权利时都没有危害社会整体秩序,所以在我国社会主义国家里从本质上讲民事权利与社会整体秩序是一致的,因为当每个人都依法行使权利并遵守义务,那么就必然会形成一个良好的社会秩序。如果说保护个体民事权利是民法的基本任务,那么维护社会秩序就是民法所承担的最终任务。民法的这两个任务是同等重要的,一般情况下两者是一致的,但也会发生冲突,这时我们一般认为个体民事权利要服从社会整体秩序的需要,个体民事权利要受到社会秩序的限制,否则就可能构成民事权利滥用。

第四节 民法的其他问题

一、民法的立法依据

法律如何来体现和保护人的权利？我国《宪法》是人民权利的总章程，权力是为权利服务的，《宪法》是以确认和保障公民的基本权利以及国家权力分配与组织等为基本内容的国家根本大法。我国《宪法》不仅规定了公民应当享有的基本政治权利，还从总体上规定，了公民、法人和其他非法人组织应当享有的基本民事权利。民法是专门规定民事权利的基本法律部门，其效力仅次于《宪法》，是《宪法》关于民事权利规定的民法化。我国《宪法》是所有部门法的总法源，被称为母法，是所有基本法律立法的总根源，是一个国家法律系统的总根。

我国《民法通则》《民法总则》都明确《宪法》是其立法依据。我们再来看看《物权法》《合同法》《侵权责任法》的立法依据，这三部法律只有《物权法》明文规定了《宪法》为其立法依据，“根据宪法，制定本法”，这说明《物权法》是基于《宪法》而制定的，《宪法》是《物权法》的上位法，那么《物权法》也就成了仅次于《宪法》的基本法。这曾经引起理论界激烈的争论，我们从分析这些争论中可以进一步理解民法与宪法的关系，这些争论的焦点主要有两个问题。

第一，《合同法》《侵权责任法》这两部法律，为什么就没有在第1条中规定“根据宪法，制定本法”？这是否意味着这两部法律就不需要明文规定以《宪法》为依据，还是根本上就不以《宪法》为立法依据？有的宪法学者质疑，为什么《宪法》在这些法律中就失去了应有的地位，《宪法》到底还是不是最高效力的法？如果《宪法》是所有基本部门法的立法依据，为什么《合同法》与《侵权责任法》就没有明文规定？如果不需要规定，那偏偏在《物权法》中却明文规定了《宪法》作为其依据呢？而这三个法律的效力地位又是完全相同的，同属于民法部门之下的基本组成单元，本应该在行文上保持一致，但事实上却出现了如此差异，是有意为之、技术问题，还是一种立法失误？

第二，这三部法律为什么不把《民法通则》作为其共同的立法依据？理论上一般认为《民法通则》是《物权法》《合同法》《侵权责任法》的总法或直接的立法依据，但这三部法律却都没有如此规定，这是否暗示《民法通则》当时已经过时，没有资格作为新的民法规范的依据了呢？这种立法体系现象，也体现着我国立法现代化进程中的一些现实困境，这种困境主要是由于立法理念与现实经济体制的变化所造成的暂时现象。虽然现在《民法典》统一原有的民事法律规范，形式上已经消除宪法与民法关系问题，但是当时的争论对理解民法体系与宪法的关系问题仍然具有一定的学理价值。

二、民法的基本法地位

一个国家的基本法，主要包括刑法、民法、行政法三大实体法和刑事诉讼法、民事诉讼法、行政诉讼法三大程序法等。民事之法，是民众的法，是民事主体及其权利受到国家保护的基本法。民事权利法定种类和内容的确认，民事权利的民法保护，都是民法的基本任务。从具体的民法内容体系来看，民法是由任务、调整对象、原则、民事法律行为制度、民事权利制度、主体制度、时效制度、人格权制度、物权制度、合同制度、侵权责任制度、婚姻制度、知识产权制度等具体制度组成的一个系统，形成了一个以民事权利及其实现为基本目的的民事法律体系，体现着人格独立、物权神圣、契约自由、责任自负、家庭和谐、知识创新等现代中国法治的基本精神。然而，需要明确的是，民事权利的保护并非仅依靠民法，仅依靠民法是远远不够的，也需要行政法，如《治安管理处罚法》，还需要刑法，如严重侵犯人身或个人财产构成犯罪的行为要给予刑事处罚。民事权利的侵害，也并非仅来自民事主体，也可能来自公法的行政机关、司法机关的违法侵害，侵害民事权利也并非只构成民事侵权，也可能构成刑事犯罪。因此，民法是独立的法律部门，但不是与其他法律没有任何关联的，尤其是民法任务的实现也需要行政法和刑法的配合。如何理解民法与行政法、经济法、刑法的主要区别和意义？民法与行政法的区别在于意志不同、目的和任务不同、调整对象不同、调整手段不同。民法与经济法的不同主要体现为两者的立法目的与实现手段不同：一是从目的上来看，经济法是为了解决国家整体经济的秩序稳定和可持续发展问题，而民法主要是为了维护个人权利；二是从调整方式上来看，经济法是通过国家强制手段来调节市场经济发展方向或规模等，如用银行利息、准备金的调整来引导社会资金的投资或刺激大众消费。两者的联系是，它们都是市场经济不可缺少的法律手段，是调控市场经济的“两只手”，看得见的手与无形的手。民法与刑法的区别主要是，前者是权利法，后者是惩罚性的法律；前者是调整民事权利义务关系的法律，突出的是维护个人合法权益，后者是规定什么是犯罪、如何进行惩罚的法律，着重维护的是国家社会利益和秩序。

三、民法的宗旨：目的与手段的统一

《民法典》第1条规定“为了保护民事主体的合法权益，调整民事关系……制定本法”，从该条文字表述来看，民法的宗旨是民法的目的及其实现手段的统一。民法的目的是保护合法权益，而这一目的实现的手段是：通过调整民事关系。民法如何通过调整民事关系来实现其维护民事权利的目的？除了通过设定民法总则，还必须通过设定人格权、物权、合同、侵权责任等具体民法分则来实现。反思我国民法的演进过程，我们可以更深入地理解我国《民法典》的宗旨，因为《民法典》是在《民法通则》《合同法》《物权法》《侵权责任法》的基础上制定的，汲取了这些民事法律规范立法的基本理念。但是，为了行文上的逻辑性，原来民事法律规范的很多成功表述都没有得到全面继承，因而从理论角度有必要重新回顾探讨这些原有法律规定。

第一，《物权法》第1条规定：“为了维护国家基本经济制度，维护社会主义市场经济秩序，明确物的归属，发挥物的效用，保护权利人的物权，根据宪法,制定本法。”这里可以看出,《物权法》的目的是“两个维护”加上“一个保护”,而实现《物权法》的手段主要有两个:明确物的归属和发挥物的效用。因此,从立法逻辑上来看,《物权法》的宗旨是维护物权之立法目的、明确物的归属、发挥物的效用之手段的统一。明确物的归属,就是确认物的权利主体,归属权一般来讲是物的最终权利,即所有权,最终归于谁所有。物的归属,这一概念不能简单理解为物的权利,因为物的权利,除了归属权,还有效用权。当然,一般情况下归属权与效用权是同一主体,但也可能是两个主体,如所有权与租赁权就是两个不同主体。一般认为,物权就是指物的归属权,而物的效用只是主体处分或享用利益的情形,不应该由《物权法》来规定。但这里的物之效用,是指什么?从立法本意上讲,物的效用指的是物的用益性和担保性,从权利分类角度讲就是指用益物权和担保物权。这里存在的问题是,用益物权到底应该由《物权法》来规范,还是应该由《合同法》来规范,也就是说,用益物权应该是哪个法律的调整对象?土地使用权是用益物权,是物权法律制度调整的对象,同时这种用益物权又往往是通过合同关系来设定的,因而它又是合同法律制度调整的对象。担保物权也存在如此情形,《物权法》把担保物权作为物权的一个种类进行规定,而担保关系又往往由合同关系来确定,即担保合同,而担保合同在法理上又作为从合同的典型例证,与主合同相对应。由此可见,《物权法》和《合同法》在规定用益物权和担保物权上,存在一定程度上的联系,物权往往需要合同来实现,两者是目的与手段的关系。

第二,我国《合同法》表面上似乎没有明文规定目的与实现手段,但我们也可以这样理解,即目的与手段在表述的合一,《合同法》维护合同当事人的民事权利既是《合同法》的目的,又是《合同法》的手段。

第三,我国《侵权责任法》第1条规定:“为保护民事主体的合法权益,明确侵权责任,预防并制裁侵权行为,促进社会和谐稳定,制定本法。”从该条规定可以看出:首先,《侵权责任法》的目的有两个方面即保护民事主体的合法权益和促进社会和谐,而实现这一目的之手段是,“明确侵权责任,预防并制裁侵权行为";其次,实现手段,也有两个方面即明确责任、预防和制裁侵权行为。这种规定在内容表述上有助于更好地理解与把握侵权责任制度的立法宗旨,即其目的及其实现手段。"明确责任"指的是,构成侵权责任所应当具备的主客观法定要件,主要是依据过错原则、无过错原则,以及过错推定和公平原则等来确定侵权行为的责任归属。通过责任归属的确认,来依法确定对侵权行为应当处以何种民事制裁,而这种制裁的最终目的是预防类似侵权行为的再次发生,这是一种一般预防意义上的立法目的。虽然《物权法》《合同法》等随着《民法典》的问世而失效,但对于之前规定的物权制度、合同制度、侵权责任的立法目的及其实现的全面反思,势必有助于我们对整个民法宗旨与实现的全面理解。

第七章 民法的价值本位与基本属性

第一节 民法的基本属性

从根本上讲，法是统治阶级意志的体现，这是因为法是人类历史上阶级出现的必然产物。关键的问题是，谁是统治者，谁是被统治者。法律如果是一个人的意志体现，这就是君主专制的法治；法律如果是少数人意志的体现，这就是贵族式专制的法治；法律如果是多数人意志的体现，这就是民主式的法治；法律如果是所有人意志的体现，那么就是一种超级民主的法治。这在亚里士多德《政治学》里有专门系统的论述，他把经典的政体分为三种，并且认为不论何种政体只要符合某个民族发展程度的要求就是良好的政体。他同时认为三种政体都有其各自的缺陷，因而提出了一种共和政体的理想模式。并且认为只有这样的政体才能够使每个阶层的自由民都能够参与到国家治理之中，只有这样的法律才能体现所有公民的意志与权利，国家才能长期稳定发展。

其实，不同种类的法律实际上正是人类法的历史流变轨迹之写照，这个轨迹就是人类从专制到民主的法律类型转换。针对人类需要何种法律的问题，各种经典法哲学理论流派从不同的视角给法的价值本位进行了理论上的定位，都有其片面性，也都有其独到的思想成就。它们为我们研究民法精神与体系，提供了多重思维的视野。

古罗马经典作家的法律思想是西方法律思想的源头活水，他们所贡献的经典理论成果至今仍然不过时，是我们需要反复研究并吸取思想营养的宝库。柏拉图、亚里士多德和西塞罗都认为人只有在法律之下才是理性存在者,如果离开了法律的约束,那么就会沦为比任何野蛮动物更为凶残的动物。柏拉图认为,法是使人与人成为朋友而非敌人的法则,正义不仅是个人还是国家应该具有的基本德性和最高法则。亚里士多德认为,法律是正义的体现,人只有在法律的统治下才会作为理性存在者而存在。西塞罗认为,法律是人们成熟智慧的结晶,是对自然理性认识程度的一种反映。他们都认为,基本的正义范式就是应得正义,正义就是每个人得到其应该得到的东西,而不是其不应当得到的东西,而法律的目的就是维护这种所谓的应得正义原则,从而维护国家的整体利益与所有人的安全。这种正义在我们现代的民法理论上就是物权制度、合同制度和侵权责任制度上的占有正义、交换正义和返还正义等。

近代法哲学家都把个人自由和权利视为法律的根基,注重法律的权利本位。近代至今在西方影响最大的法哲学理论流派,莫过于以霍布斯、洛克、卢梭、孟德斯鸠为代表的自然法学派,这些法哲学家经典思想的共同之处是,他们都认为法律只不过是人对自然法的模仿,是对自然权利的法律规范化,因而作为人定的法律应当把权力至上作为其基本理念。所谓权力至上理念,就是个人权利是法律、政府和国家产生与存在的道德依据,也是权力合法性的唯一原因,维护个人权利是权力行使的法定限职和唯一目的。自然法理论的历史意义是它彻底否定了君权神授思想的合理性,从根源上判处了权力本位理念的死刑,并为个人权力至上理念进行了哲学证明,因而这种思想在当时具有思想启蒙的作用。这种启蒙思想,就是要证明个人的自由权利不是哪个权威赐予的,不是派生于权力,而是相反,权力来自权利。在自然法理论那里,人定法是自然法则的体现,是人对自然法则的认识与确认,而自然法则的核心是个人自然权利。人天生就有自我生存的自由和运用一切手段维持生存的权利,这种权利是天生的,是自然赋予的,不是任何其他权威恩准赐予的。因此,法的根基是权利而非权力。霍布斯认为,自然法是自然状态下人的生存法则,但这种法则并不能得到普遍的承认与遵从,自然权利处于不确定的受侵害状态，人与人之间是一种相互侵害与相互报复的狼与狼之间的关系。为了结束这种相互伤害的自然状态，人们最终同意来订立一个共同契约，而法律、政府与国家都是依照这种共同契约而制定和成立的。为了结束人与人之间相互伤害的野蛮状态，为了使每个人的自然权利都能得到普遍保障，人们才不得已依照其理性，通过契约达成互不伤害的共同协议，并通过这个协议来制定共同遵守的法律，成立共同治理公共事务和执行法律的权力机构和国家。这就是早期《社会契约论》对法律权利本位的理论证明。其法律思想的核心主题，就是论证法律上的权力与权利的关系。权利与权力的关系问题也是法律设置中的根本问题，契约自然法理论把专制法律的权力本位转换为了权利本位，认为权力是人为了保护权利而设立的，权力的本质功能是保护权利，而不是凌驾于法律和权利之上的异化物。权力异化，就是权力脱离了其本身的基本功能属性，其本性走向了其反面，成了权利的破坏者。

近代德国古典法哲学强调人与人之间的自由并存。人与人要想和谐共存，就必须通过法律来确认符合自由并存的普遍法则。法是自由的产物，法律产生的前提是人与人相互承认他们之间是自由平等的人格，法律的首要目的就是使人成为人，并尊重他人为人。法是理性的产物，法的产生来自人的共同理性，法的目的和使命就是塑造文明社会所需要的理性人，进而构造理性的社会秩序，铸造理性的政府和司法，构建理性的国家。法的目的是基于自由法权尊重的和平，而法律就是人们为权利而斗争的必要手段。法是自由的定在，是人与人之间自由共存的法则。人的本质是自由，人是自我意志的决定者和承担者。自由是人与物的本质区别，人失去了自由，就受他人意志的支配或奴役。

以上就是权利本位与自由至上的法学思想，而民法就是权利本位法，私权自治就是民法的根本法则，民法的根本精神就是权利神圣与私权自治。

功利主义法学认为，法的根基是幸福，而幸福的衡量标准就是功利原则。在边沁看来，法的根本宗旨，就是减少人的痛苦，促进人的幸福。法的正义性衡量标准，就是痛苦与幸福相抵的余数是正数，如果是幸福大于痛苦，即为正数，则为善，就是正义；如果正负加减之后是负数，这种法律则是恶的，这样执法后果也都是不正义的。依据功利主义思想，促进最大多数人的最大幸福原则才是立法和执法的基本原则。基于功利论的民法，其根本宗旨就是实现最大多数人的最大利益，最大限度地保护个人的人身权利和财产权利，最大限度地维护公共秩序与良好风俗，塑造有利于人们共同幸福生活的功利价值观。密尔认为，个人自由权利必须限定在个人私事领域，且必须不能对他人或社会共同利益造成危害，否则社会就有权对个人自由权利进行干预。法的一般共同内容，是最低限度自由的确认和保障，即个人正当权利不受他人伤害。换言之，只要一个人不对他人和社会构成伤害，那么他的行为和言论就是自由的，就不应该受到他人和社会的干预。从这个互不伤害的基本法则，可以推导出以下两个规则：一是每个人在纯粹个人私事领域和无害于社会的领域是绝对自由的，社会无权干预；二是当一个人的行为对他人和社会有害时，社会就拥有了干预的权力。一个人自由的前提是，这个人不伤害他人自由和社会利益。这就是密尔所谓的“伤害规则”。这在民法上就体现为权利和责任平衡的价值取向，即个人自由权利与社会利益都受到法律的尊重与保护。

规范主义法学认为，法律仅指法律规则，与道德是截然分开的两个独立系统。奥斯丁认为，法是一套规则、规范，法的产生源自上级的命令，下级必须无条件执行和服从这种命令。这种来自命令的法律，不论其是否符合道德理念，都必须一律遵从，这样就必然会导致“恶法亦法”的悖论。这种法学理论是从形式上来定位法律的，把法律规范与道德理念完全分开，认为法律就是由权力者制定的一系列具有强制性的行为规则。这样就把法律与道德完全切割开了，其意图是要避免借助于法的道德性来曲解法律规范，达到权力者个人谋私的目的。这种理论的缺陷在于，并非所有的法律都是权力者的命令，也并非所有的法律都是强制性规范。因此，当代新的规范主义法学，在批判早期规范法律理论缺陷的前提下，认为法律必须满足基本的道德要求，否则人们就不会接受和自觉遵从这种法律，即法律必须体现最低限度的道德理念。这说明，法律不可能绝对地脱离道德这一精神根基，基于自由权利的正义是法律起码的价值基础。

总之，从古罗马到今天，无论哪些经典法学思想，无不以解构法的根本价值为己任。综观整个西方法律思想史，我们可以得出以下结论，法的宗旨就是使人成为好人，使一个民族成为一个优良的民族，使一个国家成为一个优秀的国家。幸福、安全、和谐是法律的终极目标，自由、平等、正义是法律的基本价值取向；而民法是整个法律体系中最为基本的法律，它全面体现了人的基本生存权利与尊严，它对人的私权进行了全面的承认与保护，它也是公法的前提与基础。

第二节 民法的价值本位

一、民法的权利本位论

任何法都是人、权、法"三位一体"的完整体系。只有把民法放置在这个体系中，才能全面理解与把握民法的价值本位，而不能孤立地探究民法问题。人之为人的理性，就是法保障权利，这是人作为理性人存在的精神要素，因而法是人作为人存在的基本保障，权力和法都是人为自己所创造的精神产品与存在方式。因此，人只有在权力和法中才是作为真正的人存在的。民法是所有的人作为法律上独立的人格主体而存在的最为基本的法律形式，因为如果没有系统完善的民法体系，就不可能有理想的法权人格存在。

民法是民事权利的确认与保护的基本法律。民法不仅集中规定了自然人、法人或其他非法人组织的基本民事权利，还系统地列出了民事权利的"清单"，诸如人格权、物权、合同交易权、知识产权等权利以及上述权利全面保护的请求权等。民事权利是民事主体作为人格的基本要件，如果没有这些权利，那么这些主体也就失去了作为人存在的基本资格。非法限制或剥夺这些民事权利，就等于在贬损民事主体的人格尊严。因此，民法把民事权利作为其设立的根基，就是要全面保障个人作为人存在的基本资格。在古罗马时期，奴隶就是没有任何法律人格权利的物理意义上的人，而非法律意义上的人。古代法律明文规定奴隶是归属于其主人的任意支配的物，自由人可以随意买卖奴隶。即使是柏拉图和亚里士多德那些伟大的思想家，也都认为奴隶根本就不是人，而只配做其主人支配的物，这是这些伟大思想的致命缺陷，是其历史局限性所致。

民法调整的对象是以民事权利和民事义务为内容的民事法律关系，民事活动的最终目的是通过调整民事法律关系来实现民事权利。人格权与所有权是两大基本的民事权利，两者是人格法律关系与所有权法律关系的核心内容，其义务人是不特定的其他一切人，义务人承担的是不得干预权利人行使权利的不作为义务。而在债的法律关系中，义务人与权利人都是特定的。但债作为动态的民事法律关系，它是以债权为目的的，债务只是债权实现的手段，因而债也是以民事权利为核心的民事法律关系。因此，民事法律关系的特点之一，就是它是以民事权利为目的、以民事义务为手段的特殊社会关系，彰显着民法的权利本位。民法的权利本位，在不同场合具有不同的显现。

首先，权利本位是相对于义务本位而言的。权利本位是指民法应当建立于权利的确认与维护这一根本宗旨上，权利是民法的根基与价值取向，而义务只是从权利本位中引申而来的，义务是作为权利满足的一种手段，而非法律的最终目的。而义务本位论认为，义务才是民法的根本价值取向，权利只是次要的，因为权利可以放弃，但义务却必须履行。义务本位论强调的是，履行义务是民法的最高价值，它往往与社会本位或国家本位相联系，因为每个人必须承担起维护社会合作的连带义务，必须承担起不得妨碍社会合作所必需的整体秩序的义务。因此，个人权利本位又往往是与社会本位、国家本位相对立或相对应的法律理念。

其次,权利本位是与社会本位相对应的。民法的社会本位是指民法要以社会整体利益和秩序为基本的维护对象,以维护整体利益为民法的根本宗旨。现当代社会法学派强调法律的社会性,把社会作为法律的唯一来源,法律是由于社会交往的需要而产生的,因而法律离不开社会。每个人都是社会中的人,是社会关系中的社会关系人,因为在社会中每个人都不是孤立的,都必然地与其他人发生合作关系。法律是这种社会中的法律,法律产生于社会,又反过来调整、控制和维护社会关系,克服和消除那些阻碍社会合作关系和破坏社会秩序的障碍,使社会合作与交往顺利进行。每个社会成员都必须承担起维护相互合作的社会义务,那些违反社会共同义务或者不承担社会连带责任的行为都是反社会的行为,法律要对那些反社会行为进行严惩,因此现代社会法学强调个人的社会义务与责任。《德国民法典》与《法国民法典》的根本不同之处就在于,前者突出了民法的社会属性,不再把维护个人自由权利作为法律的唯一宗旨。这就是民法的价值本位取向重大变更的体现。

最后,权利本位是相对于权力本位而言的。关于个人权利作为法的基本价值本位问题,洛克等人最早进行了较为系统的论述。个人自由权力至上,这是西方近代自然法理论的核心理念。个人民事权利作为民法的基本理念,最早体现于法国近代民法典,而作为个人权力至上理念的理论真正奠基者应该是洛克。洛克在其《政府论》中反复阐明并论证自然权力至上理念,他把法律、政府和国家产生的根本来源归为自然权利的转让,而法律、政府与国家成立的目的是保护每个人的自由权利,而且是唯一目的。这隐含着一个基本理念:权利是目的、权力是手段,权力必须以保护权利为其唯一目的,个人权利才是法的根本价值本位,是法的产生与运作的根本宗旨。规范法学派认为,权力才是法律的唯一来源,法律就是权力者的普遍命令,个人必须无条件地服从权力者的命令,因而这种理论强调法律的权力本位,而非权力本位。

二、民法的社会本位论

社会本位，是指法律的根本宗旨是维护社会整体利益而非个人权利。社会本位，不是把个人自由权利放在法律价值理念的首位，而是把社会整体利益作为法律所应当追求的最终目的。法律的社会本位有诸多方面的表现，主要有社会秩序稳定与和谐的构建，社会公共道德风俗的维护，社会主义核心价值观体系的引领等。现代法社会学派的思想要旨就是社会本位，法社会学家大都认为社会才是法律的根基，社会连带关系的维护是法律的根本使命。著名法社会学家狄骥认为，法律来源于社会关系，法律的宗旨就是维护社会连带关系，而这种社会连带关系就是相互合作的法律权利义务关系。他认为，法律的本位是社会秩序，每个人都有维护社会合作顺利进行的社会责任，因而他把社会责任作为个人必须承担的一种法定义务。法律要对那些阻碍社会合作而拒不履行社会义务的人进行法律惩罚，因而这种社会连带法律理论认为，法的首要价值是社会责任。现代具有重大影响力的法社会学家庞德把法律视为减少社会交往阻力并促进社会交流的工具，认为法律的基本任务就是对社会秩序进行有效控制，这就是所谓的法律社会控制论。庞德认为，法律的根本宗旨不是维护个人的自由权利，而是维护整个社会的公共利益，法律的根基是社会公益而非个人私利。在他看来，法律的主要任务是把社会交往的阻力与摩擦减少到最低限度。换言之，法律必须承担起促进社会交往的神圣职责，法律的根本任务就是促使社会交往阻力的最小化。他特别强调，法律要对那些反社会的公害行为进行严格的控制。总之，法社会学派都把社会整体利益视为法律的根基。法社会学不仅把社会视为法律产生的根源，而且把维护社会关系与整体秩序视为法律的根本使命，因而认为法律的基本价值取向就是社会整体利益，而个人都应当负有服从维护社会公共利益与整体秩序的公共义务，法律要对那些不履行这一公共义务的人进行惩罚，促使其承担社会责任。国家权力也必须承担对所有违反社会公共利益的个人自由进行依法干预的职责，因而法律应当授权国家对个人自由进行干预，这既是一项权力也是一项义务，而干预的目的是维护社会整体利益与秩序，干预的主要手段就是法律，而民法也必须体现社会本位这一基本理念。

三、民法的权力本位论

权力与权利在法律上的博弈，是有史以来至今未曾消减的法哲学主题。柏拉图曾经论述道，强力不产生正义，也从来不是正义的来源，正义的本质是美德，正义就是每个人承担起与其德性相适应的职务，每个人都负有为整个国家尽其应尽的义务。卢梭把政府视为人民委托的代理人，权力应当为权利服务，以权利为中心。孟德斯鸠更是把专制权力视为一切不平等、不正义的根源，认为法治的根本使命是制约权力，只有权力受到了法律的应有约束，才能真正实现个人的平等与自由。但是，现代实证主义法学则公然把权力视为法律的价值本位，认为所有的法律都是权力者的命令，是一种有效的命令，而人们必须服从这种命令。当然，这一学派也认为，这种命令必须是普遍的而非个别特殊的命令。法律是权力者的命令，而服从法律就是服从权力，因而服从权力是人们必须承担的法定义务，法律的本质是义务而非权利。在规范法学理论视野里，法律体系是由一系列义务规则构成的，而民法也被其认为是由民事义务规则构成的法律系统，即民法就是民事义务系统。权力的本质，是国家意志的体现，因而法律就是国家整体意志的体现，是权力的法律规则化。国家意志的本质是强制，法律的效力也就相应地体现为强制，法律的根本任务就是强制人们履行法律义务，进而服从国家的整体意志。

在经典《社会契约论》看来，权力与权利既是统一的，又是冲突的，两者在本质上是充满张力的，即权力越大，权利必然就会越小。权力本位是对权利本位的一种排斥，而权利本位在某种意义上也是对权力本位的否定，因为权力本位强调的是国家整体利益至上的法律理念，并不把个人自由权利放在第一位，而是过多地规定个人对社会和国家承担的献身义务。例如，柏拉图所设想的理想国就是国家至上理念的一种彰显，在这样的理想国里每个人都只拥有为国家各司其职的义务，履行这种义务就是正义美德，而法律的根本宗旨就是保护国家的整体正义。而当代新自由论继承并发扬洛克的个人权利正义理念，认为国家权力必须被限制在最小的范围之内，法律必须体现个人权力至上理念，充分保护个人的自由权利，这是对权力本位的一种否定。因此，权力本位与个人本位的法律理念不仅在古代是冲突的，在当代也仍然如此，两者的这种冲突与协调问题在当代和未来的西方也会继续存在。

四、权利、秩序与权力系统化

我国民事立法也要体现国家意志，国家意志主要是通过权力对权利进行干预来实现的，而权力干预民事权利的合理依据就是避免权力滥用，权力干预的唯一目的是把民事权利约束到合乎法律与公序良俗的范围之内。当然，在计划经济模式之下，经济运行主要由国家权力机关来规划，完全的计划经济是不允许任何个人之间的合同关系的，所有经济行为都是在国家计划之下运行的。

我们是社会主义国家，在民法制定中是能够很好地将这两种民法理念处理好的，我们应当坚持以民事权利作为民法的基本理念，同时要体现社会整体利益，国家权力在个人民事权利危害到社会与国家整体利益时就有权进行必要的干预。我国改革开放的目的，就是要构建一个能够促进我国社会主义现代化建设所需要的社会主义市场经济体系。但是，改革的实践证明，权利、权力与社会秩序三者关系在法律制度上如何平衡确实是一个需要反思的重大课题。因为这不仅需要在理论上认清权利、权力与社会发展的关系，更要认清如何从我国的现实社会经济发展的需要来处理三者的辩证关系。

《民法典》的出台是我们法治理念走向成熟的反映，我国《民法典》第1条就把保护权利、维护社会经济秩序与弘扬社会主义核心价值观三者统一规定为民法的根本宗旨，体现出个人权利、社会秩序与国家权力的统一。但是，现实市场经济运行中仍然存在权利保护、社会公共秩序与国家权力三者关系的困境，这表现在市场经济一管就死、一放就乱，这种治理痼疾仍然没有得到完美匡正。

我国民法的价值本位是复合型的，是个体权利、社会秩序、国家精神三者融合为一体的，是由三者构成的价值体系。我国民法的价值本位，不是单一的，而是由三个方面构成的一个整体系统。

当然，在理论上讲，我国民法的价值本位是权利本位，但是这种权利本位同时兼顾了社会利益与国家意志，因而这与单一的权利本位是根本不同的。私权自治与保护是民法最基本的属性，而民事权利自治，要受到诸多因素的限制，如社会公共道德、社会秩序和国家利益等。

总之，从历史上经典理论和我国立法改革实践来看，单一价值取向必然是不完善的立法理念，于是《民法典》采取了复合式价值体系，这一体系就是由个体权利、社会利益和国家权力相统一的价值模式。三者的相互关系是，个体权利是民法的基本价值取向，或者说民法的核心价值是个体权利，社会利益是民法要兼顾的价值理念，国家权力是协调个体权利与公共利益的必要环节。尽管《民法典》规定了行使民事权利不得违反社会公序良俗和国家利益，但是我国民法的基本价值本位仍然是权利本位，而非社会本位或国家本位，只是说，权利本位要受到社会利益和国家意志的限制。

第三节 民法私法属性

一、属性与公私法

属性是决定某物是其本身的本质特性，如果缺失了这一属性，那么这个事物就不再是其本身，就会消亡或异化、变质。属性具体显现为事物的功能、宗旨、使命、本能、本性，换言之，这些现象都体现着这一事物的属性。属性是一事物内在本质与外在特征的结合，是一事物区别他事物的基本标志。

为什么是人不是一般动物？因为人的本质是自由，人的基本属性是理性，因而人被定义为：人是拥有自由的理性存在者。自然界完全受自然规律的支配，自己并不决定自己的命运，只有人才拥有自主的属性，人在本质上是受自由律支配的。法律就是人所特有的自我把握自我的理性能力，法律只是人作为理性存在的一种精神现象。公法与私法区分的理论，是由古罗马的法学家乌尔比安最早提出的，乌尔比安还系统地论述了公法与私法的概念及其区分标准，并阐述了区分两者的意义。他认为，法律“有的造福于公共利益，有的则造福于私人”。公法是调整社会政治关系的，涉及社会和国家的稳定，而私法是调整个人之间私事的，涉及的是个人利益。公法关系是不允许个人通过契约协商来进行变通的，而私法上的法律关系则允许个人协商来处理。这与我们平常所说的公私分明理念很相近，公事公办、私事私办。梅迪库斯把法的各种学说归结为三大类：第一，利益说。根据利益说，判断一项法律关系或一条法律规范是属于公法还是私法，应以涉及的是公共利益还是私人利益为准。这种分类也有其不足之处，现代社会公共利益与私人利益往往不容易区分，如《反不正当竞争法》就不能简单地划归为公法或私法，因为它既保护公共利益又保护私人利益。第二，隶属说。这是依据法律所调整的对象来区分的，如果调整对象是隶属关系的就属于公法，而那些不具有隶属关系的就是私法。隶属关系不是平等关系，是一种命令与服从关系，而平等关系是主体之间相互独立的，不具有命令与服从特性的关系。但是，此学说也有缺陷，因为私法里有时也存在隶属关系，如私法中的亲权关系就存在隶属关系，而行政部门之间也存在平等关系的情形。第三，主体说。根据主体说，如果某个公权载体正是以公权载体的身份参与法律关系，则存在公法关系，而不是以公权载体身份参与法律关系的，就是私法关系。但是，这种学说也有其不足之处，它没有概括出公法的所有主要特征。

二、民法的私法属性

民法的私权自治性,就是民事主体对自己的私事有权自我决定,而不准他人强制干预,任何他人的违法干预都是违反私法自治原则的,因而自治也被视为民法的根本原则。私法最基本的原则就是私法自治或私权自治,而我国《民法典》上私权自治的基本表述是:一是自愿。自愿的基本含义是民事主体参与民事活动要依照自己的意愿,而自治是自愿的一种学理表述。自治的含义有两层:一是自治本身的正面含义。二是自治的反面含义。自治的第一层面的含义,就是私事由私人自己决定,自己是自己事务的主人,作出什么样的民事行为由自己来选择,与谁进行法律关系,以什么代价和条件进行民事行为,最终要由自己决定,当然自由意味着责任自负。第二层面的含义,即反面含义:私事自治就是避免他人干预,自己的私事自己当家,别人没有权利进行干涉,这就是一种所谓的消极自由,即免于他人干预的自由,或者免于强制的自由。

私法是相对于公法而言的,公法是规范权力行为的法律,体现国家意志,如行政法、刑法、诉讼法等。公权与私权的关系是辩证统一的:一方面,公权保护私权;另一方面,公权与私权相互限制。公法是国家权力机关干预权的一种法定界限,在公权干预的范围内,私权是受到限制的。公法体现的是服从关系,不允许公法主体意思自治。而私法是私人的私权受到法律保护的法律,体现着私法自治原则,在法律范围内可以私权自治,私人拥有自我处分自己权利的自由,国家不能干预私事。例如,我叫什么名字,我拥有多少财产,我是否去签订民事合同及如何签订,国家在我不违反法律或侵害公共利益时都不得干预。私权是私人安全的堡垒,不经过本人允许,不经过法定程序,是不能干预的,例如,我的居住地,不经允许或不经过法定程序,任何个人或机关都无权步入,否则就是侵权。西方近代法治原则的核心价值,就是私权神圣不可侵犯,个人自由权力至上。

当然,当代诸多西方国家也开始对私法自治原则进行种种限制,因而出现了私法公法化倾向，国家对私权自治进行各种限制，私权不再是绝对的不可干预。这种国家干预私权的依据，主要是出于社会公平、公共道德、公共安全、公共发展等公共需要。但这也导致了国家政府滥用公权力，甚至肆意粗暴侵犯公民私权，如美国屡次发生的警察殴打黑人致死案件。在西方国家也常常发生公权与私权的冲突，国家政府干预公民私权行为受到公众的抵制。因此，私权与公权如何平衡，公权对于私权控制的力度与范围如何限定，这一直是现代法治理论与实践中的一大难题。私权的另一层含义，是相对于政治权利而言的，个人享有两种权利：一种是民事权利；另一种是政治权利，前者属于民法调整的范围，后者是宪法、行政法调整的对象。政治权利就是个人依法享有的参与政治和公共活动的基本权利，如选举权、参政权、言论自由权等。

我国改革开放初期受"极左"思想的影响，理论上并不承认民法的私法属性，认为一切法律都是国家意志的体现，都属于公法。因而那时人们普遍认为，不应当把法律分为公私两大阵营，并且至今仍然有少数学者认为，凡是法律都是体现国家意志的公法，不存在私法，而且认为公私法之分纯属西方资本主义法律体系所独有的，我国法律不应当承认与接受，也从来没有过所谓的私法。但是，在我国改革开放与中国特色社会主义法治体系构建的过程中，公法与私法理论已经开始为学界所逐步认可，"公法与私法之争与社会主义市场经济的确立相伴随"。现在法学界大多学者认为，民法的本性是私权法，与行政法等是有根本区别的，民法（不含已经出现公法化趋势的商法）立足于维护私人利益，采取自由调整方法，属于私法的典型代表。

民法是对民事主体的民事法律地位、民事权利能力、民事权利体系等民事法律制度进行全面系统规制的基本部门法。民法的私法属性，可以从以下几个方面来理解：第一，从宗旨上可以看出民法的私法属性。民法的根本宗旨是保护民事主体的合法权益，而民事权利的取得、行使和处分都完全依照自愿原则，完全由民事主体自主决定。民法宗旨所定位的民事权利本位决定了民法的私权自治属性,这是民法的灵魂之所在,它支配着整个民法内容与结构体系。国家只是对民事权利进行系统确认与有效保护,对侵害民事权利的行为进行法律干预。这些都说明民法在本质上是私权自治法。第二,从民法调整的对象来看,民法是调整私人民事关系的法。民法调整的对象,是平等的民事主体之间民事权利义务关系,民事关系的平等性表明民法的私法属性,因为平等关系是相对于命令与服从的公法关系而言的。第三,从民法的基本原则也可以看出民法的私法属性。民法的最基本的原则是自愿,自愿就是指,民事主体依照自己的意愿设立、变更或终止民事法律关系,依照自己的意愿进行意思表示和行使民事权利。自愿的本质就是自主,在民法理论上就是意思自治,也叫私法自治。因此,民事自愿原则就是民法私法属性在法律形式上的最为直接的表述。第四,从具体民事制度来看,也表明民法的属性是私法。我国《民法典》分别规定了物权、合同、人格、侵权责任、婚姻家庭等具体民事制度,而这些民事制度系统规定了民事主体的财产权和人身权的内容种类、行使、转让、保护等制度。这些制度一般奉行的都是民事自治原则。从以上方面可以看出,民法的属性,必然需要民法的宗旨、基本原则、民事法律关系制度和各种具体的物权、债权等制度来系统地体现。因此,民法就是基于民事权利与私权自治的各种民事法律关系制度构成的完整体系,是由诸多小系统及其要素构成的大系统,这就是民法精神与体系的系统论特征。民法是调整民事关系、保护民事权利的基本法,而民法调整民事关系必须依据基本的法治理念,这些法治理念就是民法的基本原则。

第八章 信托法与民法的融合

第一节 民法与信托法的关系

民法与信托法是普通法与特别法的关系。在我国《信托法》的立法过程中,立法者运用当时我国尚不成熟的民法理论和规则对信托法进行了起草和阐释,这对于《信托法》的快速出台和普及起到了积极的促进作用。我国《民法典》的颁布,标志我国的民法理论与民法体系已经走向成熟。《信托法》起草时所依据的一些民法理论与规则在《民法典》中发生了很大变化,学术界对《信托法》的理解深度和研究视野也远超当初立法时的情况,《信托法》的时代局限性逐渐显现出来。我们应该站在《民法典》的高度,对《信托法》中已经发生变化的民法理论与制度进行完善。

一、基于民法的信托法制度建立

信托制度的起源可追溯到古希腊时期,但真正确立则是在英国。公元14世纪英国法学家霍菲尔德提出了"信托"一词,在英国的法律体系中,信托是一个法律概念。与之相对应的则是所有权,也就是我们通常所说的"一物一权"制度。由于信托在英国法上的确立,也就意味着在现代意义上,信托法作为一项独立的法律制度确立起来。随着信托法在英美国家的普及,其影响力越来越大,它已经成为现代民法中一个不可忽视的组成部分。特别是在大陆法系国家中,信托制度成为民法制度中不可或缺的组成部分。例如,在《德国民法典》第871条规定:"为一种契约之目的而成立之契约,得由私法规定其效力及于契约当事人。《法国民法典》第656条规定:“在非公益目的范围内为一种契约而成立之契约,得由私法规定其效力及于当事人。”《日本民法典》第353条规定:“契约为私法上之事而成立者,其效力及于当事人。”

然而,从历史和现实情况来看,我国信托法的建立则是以民法为基础和蓝本。中国信托法的第一个法律渊源是《民法通则》第71条第2款规定:“信托财产与委托人未设立信托的其他财产相区别。”从立法目的上来看,我国信托法确立的基础是民事法律关系,即基于民事法律关系而发生的信托关系;从信托财产上来看,我国信托法确定的基础是民事法律关系而非物权法律关系;从法律适用上来看,我国信托法确立的基础是民事法律关系而非物权法律关系。因此,我国信托法所建立的信托法制度与民法存在明显差异。

(一)民法体系下的信托

与大陆法系国家不同,我国《信托法》所规定的信托概念是法律上的信托,与民法上的信托并不存在必然联系。民事法律关系和民事法律行为是民法的两大基本概念,是调整民事主体之间发生的各种社会关系的基本手段。民事主体之间发生各种社会关系,通过法律规范规定的权利、义务和责任,在民事主体之间产生效力。这种法律关系包括两种:一是基于双方当事人意思表示而发生的法律关系;二是基于双方当事人意思表示以外的原因而产生的法律关系。从民法体系来看,民法上所规定的民事权利义务关系不仅包括合同关系、侵权责任关系、继承关系等,还包括物权、债权、知识产权等其他权利义务关系。因此,从民法体系来看,信托并不是一个独立存在于商事领域之外的法律制度,而是民商事领域中一个重要的法律制度。我国《信托法》并没有在民法体系中确立信托概念,这就意味着我国《信托法》所规定的信托制度并不是与民法相对应而存在于民事领域内。但是,我国《信托法》作为中国信托法体系中必不可少的组成部分,与民法所确立的信托概念并不冲突。

(二)民事信托的信托财产

根据我国《信托法》的规定,民事信托的信托财产是指委托人通过对受托人的委托而享有的信托财产,而并非委托人通过对受托人的投资行为取得的信托财产。此外,民事信托还规定了相应的委托人权利限制,如在受益人死亡或者丧失民事行为能力时,受托人应按照委托人指示处理信托事务。民事信托中委托人和受托人之间的权利义务关系是平等主体之间的民事法律关系,而不是基于行政管理或行政命令产生的。

从以上规定可以看出,我国信托法确立的基础是民事法律关系,而非物权法律关系。因此,信托财产并不等同于委托人通过投资行为取得的财产,它是指由委托人通过对受托人的委托而享有的信托财产。而在民法上,民事信托所设立的信托财产实际上是一种具有独立价值、可以自由支配、依法不需要办理登记手续或者以其他形式表现出来、能够满足其交易需要的财产。如《信托法》第18条第2款规定:“设立信托后,委托人死亡或者依法解散、被依法撤销、被宣告破产时,委托人应当为唯一受益人,或者其继承人不是唯一受益人的,受托人应当为唯一受益人。”《信托法》第18条第2款同时还规定:“受托人因死亡或者依法解散、被依法撤销、被宣告破产而终止,信托财产不属于其遗产或者清算财产。”

(三)民事信托的法律适用

从信托制度的发展历史来看,信托制度的产生是一个漫长的过程,它经历了由“私法上的信托”到“法律上的信托”这样一个逐渐完善的过程。在信托制度从“私法上的信托”发展到“法律上的信托”之前,受托人与委托人之间只是形成了民事法律关系。由于民事法律关系中,受托人承担着以自己名义从事民事活动的责任,委托人并不对受托人是否以自己名义从事民事活动承担责任。在这样一个状态下,受托人和委托人之间是以管理、处分其财产为主要内容的一种契约关系,它与物权法律关系明显不同。因此,我国《民法通则》将其定性为“民事法律关系”,将其适用范围仅限于物权领域,从而与我国信托法的发展历史相一致。

二、信托法依托民法的原因

一是信托财产具有独立性;且受托人对信托财产享有一定的控制权。所以,从信托财产的独立性角度来说,信托法需要依托民法。

二是我国信托法的法律主体主要是自然人和法人。《民法通则》第4条规定:“公民、法人的合法的民事权益受法律保护,任何组织和个人不得侵犯”;《继承法》第7条规定:“遗产是公民死亡时遗留的个人合法财产,包括:(一)公民的收入;(二)公民的房屋、储蓄和生活用品;(三)公民的林木、牲畜和家禽;(四)公民的文物、图书资料;(五)法律允许公民所有的生产资料;(六)公民的著作权、专利权中的财产权利;(七)公民的其他合法财产。”

所以,从本质上说,信托法律关系是一种民事法律关系,二者之间存在一定的关联性。

第二节《民法典》关于信托的规定

一、《民法典》关于信托的规定

《民法典》第1条规定:“为了调整信托关系,规范信托行为,保护信托当事人的合法权益,促进信托事业的健康发展,制定本法。”

《民法典》第2条规定:“是指委托人基于对受托人的信任,将其财产权委托给受托人,由受托人按委托人的意愿以自己的名义,为受益人的利益或者特定目的,进行管理或者处分的行为。”

《民法典》第3条规定:“委托人受托人、受益人在中华人民共和国境内进行民事、营业、公益信托活动,适用本法。”

《民法典》第4条规定:“受托人采取信托机构形式从事信托活动,其组织和管理由国务院制定具体办法。”

《民法典》第5条规定："信托当事人进行信托活动，必须遵守法律、行政法律，遵循自愿、公平和诚实信用原则，不得损害国家利益和社会公共利益，等等。"

二、司法解释的法律效力

对具体法律条文进行解释的司法解释，因有立法机关的授权而具有等同于法律的地位。

为法院内部"审判工作需要"而制定的司法解释，相当于最高人民法院颁发的"部门规章"，各级法院必须遵照执行。

对解释当事人的意思表示（如合同各方当事人的真实意图）、认定事实进行指导的司法解释，因其解释的对象不是法律，可视为最高人民法院为各级法院提供的办案方法、规则，供各级法院在审判中参考，以提高司法能力。

根据司法实践的需要，没有法律、法令为依据的"立法性"司法解释，如符合习惯法的内部、外部条件的，则形成我国以司法解释为载体的习惯法，具有法律效力。

其他没有法律、法令为依据且不符合习惯形成条件的司法解释，应视为司法政策，仅在一定时期内指导法院的司法活动。

三、《民法典》的司法解释

《民法典》司法解释，由最高人民法院按照"统一规划、分批制定，急用先行、重点推进"原则，制定了与《民法典》配套的第一批共7件新的司法解释，于2020年12月30日发布，在2021年1月1日与《民法典》同步施行。根据《立法法》的规定，新的法律只对其施行后的法律事实产生约束力，对施行前的法律事实无溯及力，但为了更好地保护公民、法人和其他组织的权利和利益而作的特别规定除外。作为适用《民法典》的第一部司法解释，在适用《民法典》时间效力上着重解决《民法典》与《合同法》《物权法》等九部法律的新旧衔接适用问题，依法严格明确了溯及适用这一例外情形的适用条件，统一裁判尺度，确保《民法典》正确实施。

第三节 《民法典》与《信托法》的完善

一、《信托法》是民法的特别法

《信托法》第2条规定:“本法所称信托,是指委托人基于对受托人的信任,将其财产权委托给受托人,由受托人按委托人的意愿以自己的名义,为受益人的利益或者特定目的,进行管理或者处分的行为。”按照该定义,信托调整的是平等主体之间的财产关系。信托关系是民事法律关系的一种,民法与信托法是普通法与特别法的关系。在具体适用上,《信托法》需要遵从《民法典》总则特别是基本原则的规定,对于《信托法》没有规定及信托法理不能解决的问题,《民法典》分则编及其他民事特别法具有补充适用的功能。

《信托法》要严格遵循民法的基本原则。《民法典》编纂采取的是总分结构,将贯穿整个民法及各个特别法中的普遍适用性和引领性的规则加以归纳,提炼成为总则,《民法典》总则是所有民事活动应该遵循的基本原则和引领性规则。《信托法》未来的修改与实施必须严格遵循《民法典》总则关于民法基本原则的规定。民法的基本原则是民事立法的基本价值取向,《信托法》应该在民法基本原则的指导下,进行其修改及细化的工作。现行《信托法》也贯彻了我国“宜粗不宜细”的立法原则,当信托当事人面临较大的不确定性时,应该依民法基本,原则的要求进行信托活动。由于我国缺乏信托传统与判例传统,在遵循《信托法》规定及法理基础上,各级法院应依据民法的基本原则来对信托争议进行裁判。

信托目的、财产要符合民法的合法性要求。《信托法》第6条规定:“设立信托,必须有合法的信托目的”。第7条规定:“设立信托,必须有确定的信托财产,并且该信托财产必须是委托人合法所有的财产”。信托目的、信托财产是否合法主要依据民法来判断。《民法典》将“弘扬社会主义核心价值观”

作为一项重要的立法目的，确立了平等、自愿、公平、诚信、守法和公序良俗、绿色等民法基本原则。因此，设立信托的目的应该符合上述民法的立法目的及基本原则，并不得同《民法典》各分编的禁止性规定相冲突。《民法典》及各分编对私人财产的权属边界以及行使权利边界进行了确定，应该按照《民法典》的规定合法区分家庭财产与企业财产、合法夫妻个人与共有财产，以上述合法财产设立的信托才能受到法律保护。信托行为要符合民事法律行为的规范。信托是通过信托行为来实现的，信托行为也要符合《民法典》总则对民事法律行为的规定。《信托法》规定的信托行为需要进行以下两方面的完善：第一，尊重托人设立信托的主观意愿。《民法典》第134条规定："民事法律行为可以基于双方或者多方的意思表示一致成立，也可以基于单方的意思表示成立"。因此，应该根据《民法典》关于民事法律行为的规定，修改《信托法》将设立信托一概作为双方法律行为的规定，承认宣言信托，并认可遗嘱信托可作为单方法律行为成立的法律效力，为委托人设立信托开启方便之门。第二，减少信托行为生效的阻力。《民法典》第136条规定："民事法律行为自成立时生效，但是法律另有规定或者当事人另有约定的除外"。《民法典》对民事法律行为成立和生效的问题遵循宽松和减少管制的立法精神，反映了时代的进步。我国《信托法》第10条采取的信托登记生效主义，使我国直接以不动产、知识产权、股权等非现金类财产设立信托面临不能生效的法律障碍。《信托法》应该落实《民法典》"民事法律行为自成立时生效"的立法精神，将信托登记生效主义改为登记对抗主义。

二、不能简单套用民法既有理论和制度阐释信托

《民法典》总则与分则编的各个制度构成了民法的统一整体，每一项民事法律制度要调整独特的法律关系，我们不能用分则编的一项制度去解释另一项制度。信托作为民事特别法，除了恪守民法的基本原则、遵循《民法典》总则及分则的禁止性要求外，同样也不能简单套用民法既有理论和具体制度对信托进行阐释。

首先,不能将信托贴上民法物权与债权的标签。对于信托制度如何融入大陆法系,很多学者运用大陆法系民法的物权与债权理论对信托进行了深入的诠释和研究,但迄今为止,这类学说并未得到学界与实务界的普遍认同。随着《民法典》的出台,我国的民法物权、债权法律体系日渐完善,应该对民法物权、债权与信托的关系进行重新定位。应该对受托人取得信托财产的名义所有权进行确认。由于受“一物一权”民法理论的影响,我国《信托法》第2条对信托财产所有权的归属采取的模糊处理方式,不仅使信托设立的有效性及信托财产的独立性难以保障,而且使我国难以确定信托的纳税义务人以及在哪一个环节进行征税。应该确立受益人“受益权”的独立法律地位。依据《信托法》,受益人“受益权”包含向受托人要求的受益请求权、对受托人处理信托事务的监督权、向第三人追及信托财产的撤销权等物权和债权的内容,因此,不能简单地将受益权归入民法中的债权或者是物权。依据《民法典》第126条的规定,“受益权”是“民事主体享有法律规定的其他民事权利和利益”,应该具有独立的法律地位,对其进行法律保护。

其次,信托不同于合同,也不同于代理制度。以合同的方式设立信托只是明示信托的一种方式,明示信托包括遗嘱信托与宣言信托,默示信托还包括推定信托与拟制信托,另外还有法定信托。我国《信托法》将信托的成立等同于委托人,受托人之间双方意思表示一致的合同关系,改变了遗嘱信托为单方法律行为的性质,也导致宣言信托、推定信托、扣制信托、法定信托等英美国家普遍存在的信托形式在我国不被认可。承认宣言信托、认可遗嘱信托单方法律行为的效力将会给我国民事信托的设立打开方便之门。赋予推定信托、拟制信托的法律效力,也为法院以合宜的方式介入民事信托争议的审判提供坚实的法律基础。信托的名义所有权与信托的受益权分离,以及信托财产具有独立性,是信托制度区别于代理制度的主要特点。信托制度具有独特的财产管理和传承功能,这是合同和代理制度都不具备的。即使法律文件制作得再完备和复杂,花费的文件起草成本再高,运用合同和代理制度设计的财产管理与传承架构也不能实现信托的功能,因为合同和代理制度不能保持信托财产的独立性，不能隔离债权人对财产的追索风险。

最后，信托登记不同于物权登记制度。目前学术界已经普遍认同信托登记的二重性理论，即信托登记除了物权变动登记之外，还需将信托法律关系予以登记和公示，才能保障交易安全。信托法律关系登记与物权登记是截然不同的：第一，两者设立的制度价值不同。信托登记的效力在于使受益人能够对抗第三人，从而确保信托财产的安全与受益权的实现；而物权登记制度的首要价值在于强调交易安全，更侧重于保护善意的第三人。第二，两者登记的内容不同。信托登记的内容是信托法律关系登记，包含了由委托人与受托人进行特殊约定的信托法律关系的内容；而物权登记是财产权属变动登记，内容要遵从法律的规定。第三，两类登记机构的性质和职责不同。信托登记应该由具有高度法律专业属性的机构通过对设立信托的真实性、合法性进行实质审查，以最大限度地减少未来的信托案件纠纷，实现委托人设立信托的目的。而物权登记通常为形式审查，对登记机构及人员的法律专业性要求不高。

当前，中国信托登记有限责任公司（以下简称“中信登”）已成为信托产品发行、交易登记及信托业监管信息服务平台。我国《公证法》第2条规定，“公证是公证机构根据自然人。法人或者其他组织的申请，依照法定程序对民事法律行为有法律意义的事实和文书的真实性、合法性予以证明的活动。”信托登记的核心工作是登记机构对委托人设立信托的意图，对以合同、遗嘱等民事行为设立信托的真实性、合法性进行确认，对拟成立的信托法律关系的合法性、信托契据等法律文书的真实性进行实质性的审查。上述信托登记实质性的核心审查工作符合《公证法》对公证机构的职责定位。因此，公证机构是比较理想的民事信托的统一登记机构，可以与从事营业信托与金融产品信托登记的中信登一起，构成我国统一的信托登记体系。进行信托登记后，信托财产可以在物权登记部门办理信托财产转移给受托人的物权变动登记手续。

三、信托对民事财产与责任制度的创新和完善

《民法典》是公民民事权利的保障书和宣言书，构建了我国迄今为止最为完备的财产管理与保障法律体系。但《民法典》本身具有体系化、保守性、稳定性的特质，对当事人要求的财产管理与传承中多样化财产持有与受益主体。财产运用与管理方式、受益方式则涵盖不足。信托具有独特的财产独立性和管理制度的创新优势，可以作出与传统民法制度不同的制度安排和功能架构设计。同时，《信托法》中受托人承担的信义义务和责任制度可以有效防范财产委托管理中的法律风险。

信托对《民法典》财产法律制度的创新。信托不同于《民法典》中的各项民事法律制度，不仅具有财产转移功能，而且具有财产管理功能。充分发挥信托的财产转移功能与财产管理功能，可以对《民法典》的财产法律制度进行以下创新：第一，弥补《民法典》的物权法定主义不足。物权法定主义固然具有维护法律的稳定性与定型化的优势，但对于以资产流动性为特点的现代民商事交易关系则认识不足。《信托法》所确立的“受益权”，其本质上兼具大陆法系物权和债权的特征，信托当事人可以在符合《民法典》的要求下，根据资产管理与传承的需要设计出各种结构复杂精巧的受益权。第二，相比《民法典》规定的代理、合伙、公司等财产管理制度，信托是唯一具备财产所有权、管理权与受益权三者权能相分离的财产管理制度。信托具有其他财产管理制度所不具有的灵活性，加之信托财产具有独立性，且具有不受信托法律关系当事人的债权人追及的特征，信托是最适合家庭进行财产管理与传承的法律工具。

信托对《民法典》民事责任制度的完善。从“身份到契约”是人类历史的巨大进步，《民法典》通过对平等、自愿、公平、诚信等民法基本原则与契约精神的弘扬，见证和加速了我国这一社会进步的进程。但《民法典》倡导的理念比较理想化，在监护、婚姻、收养、继承等涉及亲属关系领域，在委托人将财产或者事务交给受托人管理处置的领域，由于信息不对称，受托人具有不同程度的自由裁量权、很容易发生损害委托人或者受益人利益的情况。从

合同的角度来分析上述关系中的民事责任并不合适，因为两者并不是在民事行为能力上对等以及信息对称的契约双方。上述情形实际上在委托人与受托人之间形成了“信义关系”。《信托法》中受托人承担的“忠实与勤勉义务”是“信义关系”最典型的形态，民事关系一旦被认为是信托关系，受托人就要履行《信托法》规定的法定信义义务，从而给处于民事行为能力以及信息弱势的一方提供法律“衡平”的救济与保护。但这种救济与保护在我们国家还远远没有到位，《信托法》中的“忠实与勤勉义务”需要细化从而使其更有操作性。金融机构为客户从事的“代客理财”业务应该被认定为信托关系，法官应该被赋予在审判中更大的“衡平”权力。我们的社会需要实现“从契约到信义”的提升。

明代思想家邱浚曾有名言：“善于富国者，必先理民之财，而为国理财者次之。”信托制度历经数百年中西方历史淬炼，是为民理财、为民传家的良制。《民法典》的颁布，为我们重新认识和完善《信托法》提供了一个更为成熟和体系化的视角，我们应该对民法与《信托法》的关系进行重新定位，对《信托法》生效后近20年的营业信托、民事信托、慈善信托的法律实践经验进行总结，对《信托法》进行及时的修改和完善，以应我国广大居民财富管理与传承之需。

第四节 作为民法特别法的信托法

一、失去衡平的信托法

一种普遍的担忧是：现代信托法发端于英国衡平法，在我国，失去衡平法的信托是否可能？从衡平法本身的形式意义与实质内涵出发，考察衡平法与信托法二者互动发展的理论与实践脉络可知，这种担忧是没有必要的。

(一)衡平法:形式意义抑或实质意义

一般认为,信托法来源于英国衡平法,其产生具有独特的历史背景。但在私法领域,不同国家的民众对衡平法观念有着基本一样的需求,单单从历史渊源上强调信托制度的异质性是不恰当的。衡平法具有普适性,它所代表的是一种公平正义的观念,是基于社会的良心对弱势者和无助者提供救济的法律理念。在更古老的罗马法中,自然不存在源自英国法上衡平法和普通法的二元体系划分,但是仍然部分发展出了信托法制度,虽然其应用只限于遗嘱信托的领域。英国衡平法与普通法的划分,特别是衡平法院和普通法院的划分可能只是一个历史的偶然,但所有国家民众对衡平法观念的需求却是历史之必然。例如,美国学者在分析英国财产法时曾经如此讨论过:在英国的土地制度中,各种形式的土地保有权之间存在细微差别,仅仅从名称上看,即便对美国人而言也像是一种外语,诸如随君出役权、市镇农役保有权、骑士役保有权、自由教役保有权,等等。有评论者曾经不无揶揄地说,土地保有权的整个议题纯粹只具有历史遗迹的意义,是一种法律上的凭吊,与观赏罗马或希腊宏伟废墟相类。可见,英国衡平法的产生有其独特的历史背景。

日本学者通口范雄教授也指出,对衡平法不能仅作形式意义上的理解,可以将衡平法理解为注重从个案中寻求解决问题之道、寻求具体问题中的妥当性以及更注重问题的伦理性等传统。如此说来,也可以说日本当然具有衡平法传统。某种意义上可以说,任何一个现代法治国家都存在自己的衡平法传统。

我国不存在所谓的衡平法院,亦无普通法和衡平法的二元划分,但这并不代表我国法律体系中欠缺对衡平观念的需求,更不代表我国法律中不存在运用衡平观念作出的法律实践。所谓衡平,是指法院基于公平和正义的观念,在法律提供救济不足的情况下,通过司法裁量为当事人提供更公允的救济。我国民法中的“公平原则”事实上与衡平法存在类似的观念基础。一个国家即使没有信托法,也不能说不存在衡平的观念。

（二）信托法在缺乏形式衡平法的法域广泛传播

信托法虽然来源于英美法，但因其在财产管理方面的极大灵活性和便利性，目前在世界范围内产生广泛的影响。虽然有学者担心。信托法之基础是英国法上的普通法/衡平法的二元划分以及衡平法中的良心和道德观念，因而在大陆法系特别是我国这样缺乏衡平法基础和民众认知度的国家，无法有效地将其与本土制度无缝衔接，而无法发挥最大的社会功能。但是事实证明这种担心是不必要的，除了深受英国影响的国家，很多国家和地区都逐渐引入了信托法制度。根据学者总结不存在英格兰式衡平法之法域的信托法主要有以下三种方式存在。

第一，自然生成。最典型的例子是苏格兰。至少在16世纪苏格兰就自然发展出了自己的信托法体系。虽然很难完全避免英格兰的影响，但苏格兰的信托的确是在一个不存在英格兰衡平法的法律环境中独立发展的。

苏格兰信托法有三个值得注意的特征：①成文法，苏格兰在1867年制定了信托法；②其将受益权作为一种对人权，这一点和英国法截然不同，英国法将其作为一种衡平法财产权，更强调其对物权的侧面；③双财团理论，将信托财产作为受托人名下的一般财团之外的特别财团。可见，苏格兰信托法可以作为受到罗马法之财产法影响、不存在英式衡平法之国家引入信托法的典范。

第二，认可关于信托的国际私法。不存在衡平法的国家可以通过承认有关信托的国际冲突法而在事实上引入信托法。制定于1985年7月1日的《海牙关于信托的法律适用及其承认的公约》（以下简称《海牙信托法公约》）的目的正是如此。在大陆法系的国家中《海牙信托法公约》不是认可信托法的唯一基础。有一些国家处理信托问题的条款直接出现在其国际私法立法中。

第三，大陆法系和混合法系的立法。日本早在1922年就引入了信托法，随后同属东亚文化圈的韩国、我国台湾地区等也先后引入。2007年《法国民法典》引入了信托制度，虽然其信托和英美法上的信托存在一些差异，但这仍然可以看作是一个标志性的事件。《葡萄牙民法典》在继承部分有类似的制度《荷兰民法典》为财产管理和信托预留了一章,深受法国法影响的《加拿大魁北克民法典》和《美国路易斯安那州民法典》比法国更早引入了信托制度。

(三)撕掉英美衡平法标签的信托法

海牙国际私法会议1985年通过的《海牙信托法公约》为大陆法系国家承认和适用信托法提供了制度和概念框架。该公约用民法法系熟悉的术语归纳信托的特征,而无须作普通法和衡平法的二元区分,更不需要借用英国法的概念体系。根据该公约,符合以下特征,就具备了被承认为信托的基本条件:第一,受托人享有信托财产的控制权和管理权,他不是受益人或者委托人的代理人。第二,受益人享有受益权,该受益权与受托人控制和管理信托财产的权利并存。受益人对信托财产的利益优先于其他对受托人有请求权的人,包括受托人的债权人或其继承人,甚至包括除善意购买信托财产以外的所有第三人。第三,信托财产是一个独立的基金,具有物上代位性。《欧洲信托法原则》和《海牙信托法公约》都在做的一个同样的尝试是,尽量避免使用英美法上标签式的衡平法和普通法的划分,以及普通法财产权和衡平法财产权的划分。英国财产法学家拉登教授也曾经指出"用法律和衡平法二元划分的语言对信托提供的传统解释,只有历史的价值而非理性的价值"。信托法不必在英国法的框架内进行概念构建,信托法不需要假定衡平法的存在,亦不需要以所有权分割为前提。

(四)商事信托法:排斥衡平法观念?

对衡平法比较著名的批评来自英国17世纪的著名法学家约翰·塞尔敦,他犀利地提出:"衡平是在耍流氓。我们对法律需要有一个量度,知道要信任什么;衡平是根据大法官的良心,大法官的良心可能宽广一些或者狭窄些,公平也会如此……一位大法官长了一双长脚,另一位是一双短脚,第三位大法官长了一双无动于衷的脚。大法官的良知也是如此。"这种批评主要是针对衡平法中法官广泛的自由裁量权所带来的不确定性。

今天信托法的很多应用场景和传统衡平法几乎没有关联。信托在现代社会主要是一种财产管理制度,特别是在商事领域,传统衡平法甚至是被排斥的。英国有学者认为,在衡平法和商事法的互动中,商业律师一直存在的冲动是:把衡平法驱逐出商业领域。商事合同相关的法律需要极大的确定性,如此商人才能对其商业交易的法律后果保有信心,商业领域不像非商业领域那样需要伦理规则的介入。衡平法的原则和裁量性救济可能会妨碍商业安排的确定性,应予以避免。此种观点被商业律师广为接受。在金融领域,政策制定者和商人似乎已经接受这样的观点:商人们在追求尽量避免法院对商人们原本经过谨慎磋商起草的合同文本和广为接受的交易惯例进行干预和裁量。商业市场发展出自己的规范,规范的使用者已经达成共识:通过这些规范就能够控制其商业行为风险,这些经过时间检验的规范是有效率的。标准的商业文件以及金融衍生市场所使用的生僻术语是证明法律规范和商业规范之间冲突现象的很好的例子。

当然,即使在更尊重律师创造性安排的商事领域,也不能完全排除基于衡平法观念的法官的裁量。如果说商事领域排斥衡平法的话,其排斥的也仅仅是被法官滥用的裁量权而已。虽然在商事领域更应尊重当事人的契约自由,但人的理智的有限性和未来的复杂性都决定了再高明的律师也无法制订一个完美的合同,特别是在以信托法为代表的信义关系法领域,法院保留适当的裁量权借以调整失衡的当事人关系仍然是必要的。不过,这个法院不需要具备英美法的传统,不需要是区别于普通法法院的衡平法法院,更不需要穿戴英国法官的怪模怪样的法袍和假发来展示自己的正当性。

二、特殊的法律关系——信义法律关系

梅因爵士在其名著《估代法》中以“从身份到契约”对社会关系演进进程加以描述,而在现代社会,似乎存在着一定程度的“从契约到信赖”的转型。信赖关系或者信义关系在私法中的重要性与日俱增,至少,人们越来越多地

处于信义关系当中,《民法典》在坚持合同法这种古典意识形态的同时,也规定了大量的关于信义关系的制度,如代理、监护、委托合同、物业服务合同、行纪合同、中介合同和合伙合同等《民法典》中对信义关系特别是信义义务(谨慎义务和忠实义务)虽然缺乏系统性的规范,但在解释论上,不能仍然按照公平交易的基本假定来理解《民法典》中的相关规范。虽然信义关系大多通过合同缔结(法定监护关系等是例外),但信义关系是超越了合同关系的法定关系,信义义务是超出约定义务的法定义务。

(一)信义义务的本质是法定义务

虽然信托关系大多是通过委托人和受托人之间缔结合同的方式构建,但是,信义义务主要体现为受托人对受益人的义务(虽然不能排除对委托人的义务)。这种义务不完全是受托人对受益人的约定之债。

在债法上,对劳务之债当中的行为之债关注不多。行为之债中,无法明确约定债务人履行的结果,是否构成债的完全履行多数场合无法根据合同的明确约定判断,因此这种债虽然是通过合同成立,但是债务人的义务更多地要靠客观的法定标准来衡量。特别是在金融领域,信托受益人的权利和股权具有类似性,信托受托人的义务和公司管理者的责任具有类似性。很难完全用约定的方式事前确定管理者广泛的行为范围。我国《信托法》中有大量关于受托人义务的规定。除了第25条第1款规定了受托人有"遵守信托文件"的约定义务之外,其余举凡忠实义务、善管注意义务、分别管理义务、亲自执行义务等,都是法定义务。信义义务是法定义务的含义是,不管信托文件对这种义务是否有约定,受托人对受益人的信义义务是其不可削减的、必备的核心义务。

(二)信义义务规则的任意性

信义义务既然属于法定义务,信义义务的相关法定规则如何能同时又是任意性规则?我国《信托法》上关于信义义务的规则基本上属于任意性规则,当事人可以通过约定的方式加以适当变更。

1.关于善管注意(谨慎)义务

信托法把谨慎义务规定为受托人的法定义务和客观的义务。由于法律无法提供明晰的行为标准,受托人可以在信托文件中明确约定自己的行为和义务的边界。善管注意义务的内容可以通过约定加以明确和具体化,既可以通过约定的方式加以加强,比如,受托人允诺自己有超出一般受托人的管理能力,没有达到如此标准。则构成义务违反,也可以通过约定予以减轻。所以信托法上关于受托人义务的法定规则属于可以通过约定加以变更的任意性规则。

2.关于忠实义务

忠实义务为受托人信义义务之核心是毋庸置疑的。忠实义务是一种高度法定化的义务,但即便如此,关于忠实义务的严格规则也可以通过约定加以改变。忠实义务的本质是限制受托人从事利益冲突的行为,如果能保证信托目的不被偏离、受益人或者信托财产的利益不受损害,就不应采用过分严苛的忠实义务。过分刻板的忠实义务将会限制受托人灵活管理信托,也会影响很多交易的效力。《信托法》第28条但书规定了利益冲突行为禁止的例外规则。只要在程序上对委托人或者受益人进行了知情告知,并以公平的市场价格进行交易,原本禁止的违反忠实义务的行为就被“正当化”了。而知情告知和同意是一种约定的事前协商机制。可以看出,就算是信义义务中最严格的忠实义务,也有通过约定加以减轻的可能。

即便信义义务的规则有所谓任意化的倾向,但并不允许受托人全面免除自己的信义义务,否则,受托人可以对受益人不承担任何信义义务,此时违背信托之本质,也不利于对受益人的保护。在信义关系中,受托人不承担任何信义义务是不可想象的。最低限度的忠实义务和善管注意义务是受托人义务的不可削减之核心。

三、特殊的财产法和财产权

因信托法舶来自英美法，其所具有的非兼容性往往被过分强调。如果固执于将财产法等同于物权法，不承认中国需要完善包括物权法、合同法、信托法、公司法、证券法、继承法等在内的财产法理，无视社会现实中财产形态和商业安排的复杂性和多样性，则无异于画地为牢，将会极大地桎梏中国民商法理论的发展。在财产法的制度框架中研究信托法运作的独特机理，探讨其独特价值甚为必要。从信托法角度反思民事财产法，主要集中在两个方面：第一，信托法凸显了责任财产和一般财产（财团）概念的重要性；第二，信托法只创设了一种新财产权类型——信托受益权。

（一）信托财产并非独立的财产权

1.信托财产是“财团”

我国民法当中一个在某种程度上被忽视的概念是“责任财产”。责任财产，又叫一般财产、一般担保财产、概括财产，是民事主体用来履行债务、承担其民事责任的全部个人财产。无论是自然人、法人或非法人组织，可能持有民法上的一切财产形态，甚至包括债务，这些概括财产类似于“资产”的概念，是“一揽子财产”。当自然人死亡或者法人终止后，这个一般财产就分别变成“遗产”或“破产财团”。民事主体是可以将整个一揽子财产打包设立信托的。实务中单一的资金信托或其他单一财产信托让人产生误解，以为信托财产只包含一种财产形态，属于一种独立的财产权类型。从《民法通则》《民法总则》到《民法典》都没有使用“财团”或“责任财产”这些高效的传统民法术语使得人们对信托财产的理解产生偏差，才造成“信托财产所有权”这类术语的流行，仿佛信托财产权是一种新型财产权或所有权。但实则不然，也是一个十分需要澄清的问题。

信托财产可以用大陆法系所熟悉的术语被描述为一种“财团”。从罗马法上的patrimonium，到法语中的patrimoine，欧陆地区的国家用类似的术语表达同样的概念类似于英语中的ptrimony、estate和fund等概念。这些概念很好地揭示了信托财产为概括财产的属性。在传统民法中,财团的概念是被忽视的,通常只有在债法、继承法和强制执行法中人们才会关注财团的概念。除此之外,财团基本被联想为财团法人,具有法律人格,很少有人探讨没有法律人格的财团之法律地位。

2.不存在所谓的“信托财产所有权”问题

财产权可以是一个概括的概念,指所有的包含可转让财产价值的权利,此时其与人身权相对应。但多数情况下,财产权是具体的,指的是单个的物权(所有权、他物权)、债权、知识产权、股权或信托受益权。

信托财产和公司财产、合伙财产等类似,都不是一种独立而具体的财产权类型,而是一种财产的组合或总和。这个概括财产里面可能包括动产所有权、不动产所有权、债权、股权、知识产权甚至信托受益权。对这样的概括财产,不可能成立一种所有权。而且,这和所有权只能成立在动产和不动产之上的物权法规定相龃龉,亦违背“一物一权”之法观念。“一物一权”原则的一个容易被忽视的侧面是所有权只能成立在一个特定的物之上,在多个物之上不能成立一个所有权。所以说“信托财产所有权”至少是一种不严谨的表达。

然而,“信托财产所有权”的表述并非不能使用,而是必须作为一种比喻和借用的表述,否则在所谓大陆法系的语境中是站不住脚的。而且,我国现行《信托法》从来没有规定“信托财产所有权”,有关“信托财产所有权”的表述在我国制定法体系内欠缺规范基础。正如我们在公司法中不再讨论“公司财产所有权”(《公司法》上也从来没有“公司所有权”的表述)问题一样,我们也不需要探讨“信托财产的所有权”问题。我们需要探讨的是信托财产权的归属。

3.信托财产属于受托人名下的特别财团

该观点的基本逻辑如下:每个民事主体所有的个人财产构成其一般财产或一般财团,如果没有其他的约定或者法律规定,该一般财团都属于其清偿债务的一般担保财产。但是，除了一般财团之外，民事主体名下还可能会出现特别财产或者特别财团，这即使在大陆法系中也并不罕见。第一个典型例子是担保物权，它被用来优先清偿附有担保物权的债权人，构成特别目的财产或者特别财团，虽然与信托财产相比，其与一般财团的分割并不彻底；第二个例子是特留份，特留份是从被继承人的一般财团（遗产）中独立出来，用于特殊目的的财产；第三个例子，在广义的商业基金和社会基金当中，独立于管理人的自有财产的这一部分财产，也属于特别财产，如果基金管理人自身有负债，他不能利用其管理的财产去偿债；第四个例子，在夫妻双方明确约定夫妻财产制的情况下，夫妻各方享有的夫妻共同财产属于“一般财团”，夫妻各方独立管理的特有财产和保留财产为“特别财团”。传统民法当中也承认，同一主体名下可能存在着不同类型，甚至区别对待的财产。很多人认为信托法在中国是水土不服的，但通过上述例子可以看出，其间的差异并没有像我们想象的那么大，有时民法、商法的一些传统概念资源，在用于解释信托法的时候还是可以起到很大作用的。

对于一般财产适用一般的法律规定，按照普通民法商法当中的一般性规定处理即可。但是对于特殊财产要适用特别的法律规定。在非英美法系，不少国家都明文规定或者是默示地采用了这种双财团理论。各国实际上都有类似“财团”的概念，除瑞士、意大利外，还有荷兰的公证人客户账户，都采取了财团的概念。还包括国际公约如《海牙信托法公约》以及《欧洲信托法原则》。也采用了“trust fund”“asset segregated”这样的表述。法国著名法学家勒保乐的理论中就有双财团理论，加拿大的魁北克深受其影响，在与信托相关的法律制度中采用了该理论。实际上，拉丁美洲、南非的信托法也都采取了独立财团的理论，该理论在世界范围内有一定的普及性。

最具代表性的是苏格兰。苏格兰在其信托法的立法文件中，特别是法律委员会报告中，明确建议要采取双财团理论作为信托法的基础。报告指出“双财团理论为苏格兰信托法的性质提供了具有说服力和令人满意的解释”。而且，这个理论在世界很多国家都产生了深远的影响“双财团理论”在罗马法中已初见端倪，对于大陆法系国家来说并不陌生，可以比较容易地被民法的话语体系所接受。

根据一般信托法的缺省性规定，信托财产作为一种财团是“非法人财团”，与合伙财产、设立中法人的财产等具有类似性，而与法人财产的地位相异，因为法人（不区分财团法人和社团法人）的财产取得了法律人格，属于法人财团。

（二）信托受益权的性质

1.信托受益权的规范依据

信托财产权是概括财产，并不是一种独立的民事财产权利。而信托受益权是信托法创设的新型财产权。

受益人所享有的受益权是一种不同于债权、物权、知识产权和股权的独立民事权利，对其性质不能一概而论。《民法典》关于民事权利的规定中没有对此作出直接回应，其第五章列举的民事权利中就没有包括受益权，但不能说民法典不承认信托受益权的财产权地位。我们可以分别在《民法典》第125条规定的“民事主体依法享有股权和其他投资性权利”和第126条规定的“民事主体享有法律规定的其他民事权利和利益”中找到商事信托和民事信托受益权的规范依据。当然，信托受益权的性质和行使方法等仍然有赖于司法和学理的解释。

《信托法》规定了信托受益权的具体内容。《信托法》第34条规定“受托人以信托财产为限向受益人承担支付信托利益的义务”；第43条第1款规定“受益人是在信托中享有信托受益权的人”。对此可以有两种不同的观察：其一，受益人的受益权形式上体现为一种针对受托人的请求权；其二，受托人对受益人以信托财产为限承担一种“物的有限责任”，受益人对信托财产的这种权利又具有了“对物权”的特征，虽然该权利仍然要通过对受托人的执行来实现。

任何解释都可能会在阐明问题的同时简化问题，而简化背后总可能会有遗漏或不及之处。沿袭传统民法路径的债权说物权说、第三权利说都有过分简单化受益权性质的嫌疑。我们可以很容易地排除“物权说”，因为在解释信托受益权方面，传统物权的标签——支配权、对物权、优先权等都已经丧失了解释力，最关键的是受益权所指向的标的很少是特定的独立物。而特定的独立物却是物权法的核心要求。相比之下“债权说”在形式上最具解释力，日本、中国台湾地区均采债权说。“类股权说”在金融领域有较强的说服力，但是民事信托中的受益权是不具备股权的同质性的，而且股权只能以实体化的公司作为请求对象，而受益权只能向受托人主张。无论如何，简单地将受益权描述为“特别的权利”或者“第三种权利”，其中所包含的知识增量非常有限。而将受益权描述为财产权和成员权构成的复合权利，也无法说明其特殊性。

2. 信托受益权的复杂性

信托财产属于概括财产，在概括财产之上不能成立单一的、具体的民事权利。而信托受益权是信托法明确规定的受益人针对受托人的具体权利。但值得注意的是，由于信托类型多样，相应的信托受益权内容不同，就受益权的性质不能一概而论。信托可以分为三类，主要包括民事信托、商事信托和慈善公益信托，对其中的受益权性质要分别讨论，而不应一般性地讨论信托受益权的性质。

慈善信托和目的信托中是否存在受益人乃至受益权本身就存在较大争议，此处不论。而民事信托的受益权具有非同质化的特点。民事信托中的财产形态非常复杂，受益权内容可以是动产（花瓶）或不动产（房产），也可以是本金（股本）或者利息（红利）；可以是债权、知识产权，甚至是信托受益权本身，因此很难简单贴上单一的权利标签。在英美法理论上也有受益权是对物权还是对人权的讨论。比如，《美国信托法重述》中一种代表性的观点主张，客体是动产的受益权就是“对人权”；客体是不动产的就是“对物权”，可资参考。至于裁量信托的受益权，其权利属性至为稀薄，能否构成一种既成的民事权利都值得怀疑，期待权之说或许可以接受。

只有商事信托之受益权,具有标准化程度高、流动性强的特点和股权有着较大类似性,可以单独作为一类做整体上的研究。

3.商事信托中受益权属于一种剩余索取权

在商法领域,权利主要是一种无形财产权。这种权利在形式上大多体现为权利人的一种类似请求权的权利。金融领域中的两大类型——债权性融资和权益性融资,在形式上都体现为权利人对义务人的一种请求权,当然我们不能凭此就把全部金融领域内的权利都称之为债权。很明显,民法话语对如何描述这种权利是有疏离感的。

无论是我国的信托监管规章还是信托实务,都强调信托的结构中,受托人以信托财产为限向受益人所承担的并不是一种债务,借以揭示商事信托作为一种投资者风险自负的权益型投资之显著特点。也就是说,在我国的信托实务中和现有规则下,信托受托人对受益人的义务并非普通债务。

受益人针对受托人的权利可以被归为对人权、请求权,但是这种请求权并非普通的债权。请求权可以基于债权产生,也可以基于物权、知识产权产生,当然也可以基于权益型投资关系产生(股权、信托、合伙权益)。在金融领域,几乎所有的权利都表现为一种对人权、请求权,无论是债权(债券)持有人的权利、股东的权利、合伙人的权利还是信托受益人的权利概莫能外。由于欠缺物的存在,所以很少有物权意义上的金融权利(益),但我们不能把所有金融领域的权利都称之为债权。或者说,物权和债权二元划分所体现出的解释力在金融法律领域几乎消失了。所以在金融法律领域,在尊重金融实践对债和权益两种基本金融形态的划分之基础上,引入剩余索取权和固定索取权的理论划分,就显得尤为必要。根据《信托法》等相关规定,受益人的权利和股权具有类似性,该种权利高度同质化,且属于剩余索取权,借以区别于作为固定索取权的金融债权。

当然,理论只是一种解释工具和分析模型而已,没有哪一种理论具有永恒而完美的解释力,但分析模型的提供仍然是重要的。正如受益权的复杂性所证明的，试图建立大一统、对称精美的理论是在削减信托制度的丰富性，注定无法成功。

四、特殊的主体法或者组织法

“组织法”的表述要比“主体法”更具有包容性。民法中，自然人之外的民事主体法的规则主要解决的是多个自然人的权利和义务的安排问题，这是组织法的基本功能。组织法还能提供主体法所无法妥善涵盖的如合伙、信托、其他非法人组织等的规则和原则。此处探讨信托法作为组织法的功能。

（一）作为组织法基础理论的“财产分割理论”

民法传统理论按照民事法律关系的主体、客体和民事法律行为等构建自己的框架体系。特别是民事主体理论，创设出了自然人和法人两种主体，舍此不存在其他主体，如此一来合伙、信托、设立中的法人等的法律地位变得十分尴尬。但如果不用非此即彼的“主体法”理论，而采用另外一个更为灵活和包容性的术语——“组织法”理论的话这些问题就迎刃而解。

组织法的主要功能是确立财产权归属的规则，而信托法正提供了这样的归属规则。换言之，信托法提供了一种重要的“资产分割”工具。美国学者亨利·汉斯曼教授等在2000年的一篇论文中提出了“资产分割”理论。该文创建的分析结构给之后的信托法和公司法研究等带来了极其深远的影响。目前整个中文世界对此有一定介绍和运用，但总体上还比较少。汉斯曼等认为，组织法的一种功能是进行资产分割，此即“资产分割理论”。该理论主张，公司（法人）法、合伙企业和信托法等本质上都属于组织法，而组织法的基本功能是提供一种债权模式，确立不同的利益相关者对组织本身的财产（公司财产、信托财产或者合伙财产）、组织出资者（股东、信托受益人或合伙人）和组织管理者（公司董事和经理、信托受托人或合伙执行人）的财产的不同追索权。换句话说，组织法规则确定组织本身的财产、组织出资者的财产和组织管理者的财产分别属于哪些类型债务的责任财产。

赋予法律人格（人格化）当然是产生责任隔离的最彻底手段，但欲达到与管理人的破产风险相隔离的效果，不必然需要人格化。如信托所展示的，使信托财产成为独立于受托人固有财团的特别的非法人财团即可，这是普通信托法所采用的基本技术和基本规则。信托法和公司（法人）法相比，能够在不需要构建法律人格的前提下进行有效的资产分割（分割成不同的“财团”），从而实现责任分割（包括有限责任）、资本锁定创设可转让的有价证券（受益权）、取得诉讼资格、受信义义务和责任约束等效果。

（二）信托法为非法人组织提供组织法规则

除了非法人社团（无权力能力社团）之外，在日本法上，有所谓“无权力能力财团”。根据日本最高裁判所在裁判中给出的定义，无权力能力财团是指存在基于一定目的结合在一起的财产，该财产和捐出者以及其他特定个人的财产相分离，且具备管理机构，在社会生活上具备独立的实体，但未取得法人格的存在。与无权力能力社团类似，也逐渐出现了具有财团之实体但却无法人格的情形。

不管法人法律制度如何设置，都会出现“设立中的财团”，为了对其法律关系进行适当的调整也应采取“无权力能力财团”这样的观念。在无权力能力财团中，不存在社员（股东），所以不能将权利义务通过归属于社员全体加以说明。但是，在把该组织作为无权力能力财团看待的场合，财团的代表人为该组织而负担的债务，成为无权力能力财团的债务，财团的财产成为扣押财产。代表人个人的债权人无法追索财团财产。无权力能力财团和无权力能力社团都和信托具有可比性，必要的场合似应参照信托法的规则加以调整。无民事权利能力社团的财产也并非其代表者或者构成者的财产，本质上应属于社团的财产，故社团代表者或者构成者的债权人均不得直接扣押无权力能力社团的财产。日本的下级法院曾有裁决指出，即使社团财产登记在其代表者之名下，代表者个人的债权人也不能扣押。对此，能见善久教授指出，如果能从实质上加以考虑，对于无法满足信托构成要件或者对抗要件的财产关系，提供信托法理的保护，这就是“作为救济法理的信托”之观点。

根据一般信托法原理，信托是一组概括财产（财团），并非民事主体。信托财产作为一种“客体”不能附着于信托本身，只得另寻可以附着其上的主体，信托财产可以被理解为在受托人名下的一组特殊财团。该财团不具有主体资格，故可称之为非法人财团。信托法原理对调整非法人财团具有重要意义。

（三）我国《民法典》中的遗憾

信托原则上没有法人地位，但很显然是一种组织体，《民法典》应为这种组织体预留制度空间。不过，如果按照字面含义严格解释《民法典》的相关条文，信托这种组织体既非法人亦非自然人，也很难归入非法人组织的范畴。主要原因在于：第一，《民法典》第102条规定的非法人组织是不具有法人资格，但能依法以自己的名义从事民事活动的组织。而按《信托法》中的定义，信托不能以组织体自己的名义从事活动，只能借助受托人名义。第二，《民法典》第103条规定非法人组织应当依照法律的规定登记。而信托的设立原则上不需要进行类似的登记。第三，《民法典》第104条规定非法人组织的财产不足以清偿债务的，其出资人或设立人承担无限责任。而信托法上的出资者（委托人）原则上是承担有限责任的。从以上三点来看信托很难在非法人组织中找到位置，这是《民法典》留下的遗憾之一。

信托本身具有反管制的特点，信托法也因之可以成为非经登记而成立之组织体的缺省性规则。在我国商事信托实务中，商业信托逐渐取得了一定的“实体”或者组织体地位。在实践中，存在着大量的信托计划、资管计划等，信托制度在诸如资产证券化、担保、投资基金等投融资架构中都有非常广泛的应用，这些灵活的结构不一定要取得法人地位（即便实践中已经承认信托计划作为持股实体），但是需要按照信托法这种组织法来解决所涉利益相关者的权利义务关系和税收等规则。关于慈善信托《慈善法》等的确没有要求慈善组织一定是法人组织，而慈善信托因其复杂的内部组织结构，也可以称之为一种组织体。在操作层面，可以回避慈善信托是不是主体的问题，只要在税收等待遇方面把它当作一个“慈善组织”即可。在国外，信托在商事和慈善领域的实体化倾向十分明显。

综上，在解释上可以承认信托是据《信托法》在《民法典》之外创设的一种新型组织形态，不宜将《民法典》的相关规定理解为对创设民事组织体的严格限制。

（四）信托的法人化（主体化）

有不少学者指出信托法人化是当下的趋势。例如，谢哲胜教授就认为信托是否具有独立的法律上人格，早期是否定的，以受托人为拥有信托财产的人，而负有信托法上的义务。但现代的普通法和法典的观念和用语，已默示地承认信托是法人。

美国不少州的成文法都在税收地位上授予商业信托以实体待遇。如果把信托实体化的倾向严格限定在商业信托之内，可能具有一定的说服力。但这无法改变一个事实，即在世界范围内，几乎没有一个国家的信托法已经一般性地承认信托的实体地位，更遑论承认其法人地位。信托法上的缺省规则仍然没有改变受托人享有信托财产权，而非信托自身享有财产权。例如，《美国法定实体信托法》区分法定信托和普通法信托，而后者广泛地适用于民事领域。信托本身不具有实体地位。另外，美国《统一信托法》的第1010条，虽然改变了传统信托法中受托人对交易第三人的个人责任的缺省规则，但也不能说该法律文件承认了信托的主体地位。

全面承认信托具有法人格，会导致法人和信托两个制度高度同质化，信托制度深为称道的灵活性亦将丧失。在英美法中，商事信托具有了实体地位，在税收上被特别对待，但是并不需要直接承认信托的法人地位。这个问题与合伙的地位类似。合伙实际上具备了诉讼担当的地位，在某些法律上也能避免双重征税，因此是否承认其为“法人”或“民事主体”，似乎并不重要。我们可以采取比较灵活的立场，即采取严格的主体概念和标准，不承认合伙、信托等作为第三种特殊的主体，但在实际上授予信托类似主体的权利和能力。

信托法所提供的缺省性规则有助于自律组织的形成。信托产生的历史表明，信托是一种私人的安排，拒绝接受“法人化”，如此才能在强大的国家力量面前保持独立性,为私人的联合提供绝佳的工具。事实上,英国的很多社会团体基本上都采取信托的模式。在民商事领域,信托作为一种灵活的组织法。可以在法人之外以比较低的成本获得财产分割所带来的一系列优点如责任限制、可交易份额、诉讼能力等,而将信托一律"法人化"恰恰会使信托制度丧失其存在的价值。

五、特殊的民事救济——归入权和拟制信托

违反信托和其他违反民事义务的救济有类似之处,如都包括损害赔偿、恢复原状,等等。但信托法的救济中最为独特之处是违反信义义务的归入权制度,我国《民法典》第179条规定了承担民事责任的主要方式,该规定没有一项内容与公司法以及信托法中的返还救济(归入权)有关,这些责任承担方式在构成要件、救济内容等方面均和归入权存在重大差异。

在我国的民商法领域,早已出现了不同于传统救济理念的新的救济类型。例如,《公司法》第148条第2款规定了董事、高级管理人员等违背了忠实义务的时候,应当将所得的收入"归公司所有"。另外,在《证券法》等法律中也出现了类似的救济方法,这种方法被称为"归入权"。

从救济的角度来看,这种救济不同于传统民法中以"受害人的损害"为标准的救济方法,是将侵害人所得的利益作为向受害人提供救济的范围。之所以产生以侵害人的利得作为救济标准的必要,是因为在现代社会中,侵犯他人权利的同时侵权人也会从中取得利益,这个利益很可能会超出被侵权人自己形式上遭受的损害——不像在传统的侵权中,侵权行为被法律经济学研究者"比喻"为一种负值或者零值的交易,侵权所得最多等于对方的损失,不可能大于对方的损失。而现今,管理他人财产事务的情形大量涌现,一个人取得可以控制和影响他人的地位,并从中取得经济利益。客观上来看,如果不采用返还救济或大陆法系的准无因管理理论来解释这些新兴的救济,用传统的损害赔偿理论进行解释总有无力之感。因此,我国的民事救济法体系也应作相应调整。

关于吐出救济或者返还救济,最典型的是英美法上的规定。英美法上有返还、不当得利法、准合同这样几个概念。其中,准合同是来自罗马法的概念相当于包括大陆法系的不当得利和无因管理。过去的英美法中没有统一的不当得利法和返还法理论,长期以来采用默示合同理论来解决相关的问题。不过,其现代法已经抛弃了默示合同理论,以返还法或者不当得利法的概念取代了准合同的概念。现代英美法上返还法既包括传统普通法上准合同的内容,还包括衡平法上的拟制信托、衡平法留置、代位和衡平法报账等。

特别是拟制信托制度,可以认为其综合了大陆法上不当得利和无因管理的救济理念。我国最早在知识产权侵权领域内以新型的损害赔偿计算方法的形式引入了类似于返还救济的救济形态,在原《侵权责任法》第20条亦承认了以侵权人的利得作为损害的计算标准。实际上,需要引入返还救济理念的不仅仅是在侵权法领域。返还救济可以适用于几乎全部私法领域:信托法、公司法、代理法、合同法、侵权法、财产法等。在英美法上,返还法问题一般与错误、虚假陈述、欺诈等因素牵连在一起,并且与私法的大多数领域密切相关。返还法是以被告的利得或收益为基础的救济方式,而损害赔偿法是建立在原告损害之基础上的救济方式。大陆法系的立法和学理解释有不少采纳了"准无因管理",该制度的实质在于弥补其他的民事救济的不足。但是,既然我国的信托法所提供的救济观念能起到类似作用,再引入准无因管理制度似乎就成了画蛇添足之笔。在违背信义义务的所有情形下,如委托合同、信托关系、合伙关系、代理关系、公司法中管理人违背义务的场合,以及在破产管理人和其他财产管理人违背义务的情形,都需要引入返还救济理念,或至少扩大不当得利制度的救济范围,以迫使违反义务的受托人吐出所得。

我国《信托法》上归入权的规范基础是其第26条,该条规定:"……受托人违反前款规定,利用信托财产为自己谋取利益的,所得利益归入信托财产。"根据该条,凡是受托人利用信托财产为自己谋取约定信托报酬以外利益的,其取得的利益都归信托财产。归入权制度有不当得利等传统救济制度无法替代的一些功能。

第一,在规范的层面,《信托法》第26条的规定明显不同于不当得利。不当得利以给一方带来损害为条件,而归入权则并非如此,这是归入权制度超越不当得利制度最核心的部分。即使受托人没有给信托财产带来损害,受托人利用信托财产取得的非法利益,仍然应按照"入库"原则归入信托财产。即归入权不以损害为条件,返还的范围以"取得的利益"即"利得"为准。根据之前的研究,我国的司法实践和传统不当得利理论并不能容纳"利得"大于"损失"这种特殊情况。仅仅通过对传统民法规则的解释,无法达到让违反义务(特别是忠实义务或者诚信义务)的人返还"利得"的效果。

我国《民法典》第122条关于不当得利的规定如下"因他人没有法律根据,取得不当利益,受损失的人有权请求其返还不当利益"。这是一个比较抽象的规定,该规定与之前《民法通则》第92条相比的唯一"改进"之处在于,它是从请求权的角度作出的规定。无论如何改造传统民法关于不当得利的理论,似乎都无法发展出信托法中所提供的独特救济。

第二,在应然的层面,归入权如果能被理解为一种类似拟制信托制度的话,我国《信托法》关于归入权的行使要件就显得十分不合理。例如,《信托法》第26条规定的是利用信托财产为自己取得利益,这就把利用其作为受托人的地位、利用取得的信息和机会为自己谋取利益的情形排除在外,对受托人显得格外"仁慈"和宽松。《信托法》应该参照《公司法》第148条关于归入权的规定,将很多并非利用信托财产但是违反忠实义务而取得财产的行为包含在内,最典型的是利用"公司机会"为自己牟利的行为。

信托本身所蕴含的衡平观念是很多财产法救济的基础。如本文一开始就讨论的,我国虽然被指缺乏衡平法的传统,但是并不缺乏对衡平法的救济理念和该理念所代表的救济方式的需求。英美法在信托管理每一阶段都提供了全面与特别有效的司法监督方案,而在大陆法系国家,这些救济行为或者不存在,或者必须通过通常的预备行动。比较法学家往往忽略了这些程序上的差别,他们仅仅以实体财产权对立的概念来解释英美信托法及其与民法法系的区别。所以有学者警告说，在大陆法系国家由立法部门大笔一挥是难以推行信托法的。因此，应以发展拟制信托等法理为契机整合我国民事权利救济制度。

六、信托法是民事法律体系中的“鲶鱼”

我国对信托制度的需求主要在于扩张行为自由的边界，信托法如同民法体系当中的“鲶鱼”，为民法制度的发展演化注入活力。例如，信托法帮助突破过分严苛的物权法定原则，为新的财产权类型（信托受益权、担保信托）提供出口；为自然人和法人之外的第三类主体或组织体提供规则；信托法的义务为约定义务和法定义务之间的信义义务提供生存空间；在传统民法的救济之外，信托法尝试寻求对当事人更为公平和合理的救济。以上除了最后一点之外，几乎与英国法上的衡平观念没有必然关系。必须承认，我国信托法还存在着各种不完善之处，但无法否认其在商业领域、社会领域甚至民事领域正在发挥越来越重要的作用。我国既往的信托实践已经证明，没有英国式衡平法基础的信托仍能在我国落地生根。

整体上，民法的话语体系属于“古典”的话语体系，但古典的体系也应能保持开放之姿态，直面接受如信托法这一“鲶鱼”带来的冲击，避免古典话语体系变成过时话语体系。信托法虽然来自英美法，与我们原本倚重的大陆法系的概念体系存在一定的差异，但民众对信托法的需求是客观存在的，因此不能将信托法异国情调化，不能过分强调其差异性而忽视其作为私法规则的普遍性。从解释上将信托法纳入民法典的体系框架之中，必将有利于信托这个良好的制度造福于民。

参考文献

[1]董新中．民法实务与理论研究[M]．北京：中国政法大学出版社，2021.

[2]窦冬辰．中国信托法基本问题：信托财产之法律归属[M]．北京：人民法院出版社，2021.

[3]李国际．民法总则原理[M]．西安：西北大学出版社，2020.

[4]李永军，刘家安．民法总论[M]．北京：中国政法大学出版社，2019.

[5]李宇作．商业信托法[M]．北京：法律出版社，2021.

[6]尹志强．民法[M]．北京：北京邮电大学出版社，2017.

[7]于朝印．中国现代信托法制研究[M]．北京：中国人民公安大学出版社，2022.

[8]张翔．民法分论[M]．北京：中国政法大学出版社，2021.

[9]张雅萍．民法与生活[M]．广州：暨南大学出版社，2022.

[10]赵秀梅．民法理论与实务[M]．北京：法律出版社，2022.

[11]朱晓喆．中国信托法评论(第2卷)[M]．北京：法律出版社，2020.